国学经典读本

杨柳桥／译注

庄子

下

上海古籍出版社

杂篇

一、庚　桑　楚（十九章）

老聃之役①，有庚桑楚②者，偏得老聃之道，以北居畏垒之山③。其臣之画然知者去之，其妾之挈然仁者远之④；拥肿之与居，鞅掌之为使⑤。居三年，畏垒大壤⑥。畏垒之民相与言曰：“庚桑子之始来，吾洒然⑦异之。今吾日计之而不足，岁计之而有馀。庶几其圣人乎？子⑧胡不相与尸而祝之，社而稷之乎？”

庚桑子闻之，南面而不释然。弟子异之。

庚桑子曰：“弟子！何异于予？夫春气发而百草生，正得秋而万实成⑨。夫春与秋岂无得而然哉？天道已行矣。吾闻：‘至人尸居环堵之室⑩，而百姓猖狂不知所如往。’今以畏垒之细民，而窃窃焉欲俎豆予于贤人之间⑪，我其杓之人邪？吾是以不释于老聃之言。”

弟子曰：“不然。夫寻常⑫之沟洫⑬，巨鱼无所还⑭其

体，鲵鳅⑮为之制⑯；步仞⑰之丘陵，巨兽无所隐其躯，而
孽狐⑱为之祥⑲。且夫，尊贤授能，先善与利，自古尧、舜
以然，而况畏垒之民乎？夫子亦听矣。"

庚桑子曰："小子，来！夫函车之兽，介⑳而离山，则
不免于罔罟之患；吞舟之鱼，砀而失水，则蝼蚁㉑能苦之。
故鸟兽不厌高，鱼鳖不厌深。夫全其形生之人，藏其身
也，不厌深眇㉒而已矣。且夫，二子㉓者，又何足以称扬
哉？是其于辩也，将妄凿垣墙而殖蓬蒿也？简发而栉㉔，
数米而炊，窃窃㉕乎又何足以济世哉？举贤，则民相轧；
任知，则民相盗。之数物者，不足以厚民。民之于利甚
勤：子有杀父，臣有杀君，正昼为盗，日中穴阫㉖。吾语
汝：大乱之本，必生于尧、舜之间；其末，存乎千世之后；
千世之后，其必有人与人相食者也。"

南荣趎㉗蹴然正坐，曰："若趎之年者，已长矣，将恶
乎托业以及此言邪？"

庚桑子曰："全汝形，抱汝生㉘，无使汝思虑营营㉙；若
此三年，此可以及此言也。"

南荣趎曰："目之与形，吾不知其异也，而盲者不能自
见；耳之与形，吾不知其异也，而聋者不能自闻；心之与
形，吾不知其异也，而狂者不能自得。形之与形，亦辟㉚
矣，而物或间之邪？欲相求，而不能相得。今谓趎曰：
'全汝形，抱汝生，勿使汝思虑营营。'趎勉闻道达耳矣。"

庚桑子曰："辞尽矣。曰'奔蜂不能化藿蠋㉛，越鸡不
能伏鹄卵㉜'。鲁鸡固能矣㉝。鸡之与鸡，其德非不同也，

有能有不能者，其才固有巨小也。今吾才小，不足以化子。子胡不南见老子？"

南荣趎赢粮，七日七夜，至老子之所。

老子曰："子自楚之所来乎？"

南荣趎曰："唯㉞。"

老子曰："子何与人偕来之众也？"

南荣趎惧然㉟顾其后。

老子曰："子不知吾所谓乎？"

南荣趎俯而惭，仰而叹，曰："今者，吾忘吾答，因失吾问。"

老子曰："何谓也？"

南荣趎曰："不知乎，人谓我朱愚㊱；知乎，反愁我躯。㊲不仁，则害人；仁，则反愁我身。不义，则伤彼；义，则反愁我骑㊳。我安逃此而后可？此三言者，趎之所患也。愿因楚而问之。"

老子曰："向，吾见若眉睫之间，吾因以得汝矣；今汝又言，而信之。若规规然㊴若丧父母，揭竿而求诸海也。汝亡人㊵哉！惘惘乎，汝欲反汝情性，而无由入。可怜哉！"

南荣趎请入就舍㊶，召其所好，去其所恶。十日自愁，复见老子。

老子曰："汝自洒濯，熟哉㊷，郁郁乎㊸！然而其中津津乎犹有恶也！夫外韄者，不可繁而捉，将内揵；内韄者，不可缪而捉，将外揵㊹。内外韄者，道德不能持，而况放道而行者乎?”

南荣趎曰:“里有病人,里人问之,病者能言其病,然其病病者,犹未病也。若趎之闻大道,譬犹饮药以加病也。趎愿闻卫生之经㊺而已矣。”

老子曰:“卫生之经:能抱一㊻乎?能勿失乎?能无卜筮而知凶吉㊼乎?能止乎?能已乎㊽?能舍诸人而求诸㊾己乎?能翛然乎?能侗然㊿乎?能儿子(51)乎?儿子终日嗥(52),而嗌(53)不嗄,和之至也;终日握,而手不掜,共其德(54)也;终日视,而目不瞚(55),偏不在外也。行不知所之,居不知所为,与物委蛇,而同其波。是卫生之经已。”

南荣趎曰:“然则,是至人之德已乎?”

曰:“非也。是乃所谓冰解冻释者所能乎!夫至人者,相与交食乎地、而交乐乎天(56),不以人物利害相撄(57),不相与为怪,不相与为谋,不相与为事;翛然而往,侗然而来。是谓卫生之经已。”

曰:“然则,是至乎?”

曰:“未也。吾固告汝:‘能儿子乎?’儿子动不知所为,行不知所之;身若槁木之枝,而心若死灰。若是者,祸亦不至,福亦不来。祸福无有,恶有人灾也?”

【注释】① 役,学徒弟子也。 ② 庚桑楚,楚,名;庚桑,姓也。 ③ 畏垒,山名也;或云在鲁,或云在梁州。 ④ 臣,仆隶;妾,接也,接事君子。挈,借为“絜”。谓束身自好也。 ⑤ 拥肿、鞅掌,皆谓愚蠢无知之人也。 ⑥ 壤,本亦作“穰”。 ⑦ 洒然,惊貌。 ⑧ 子,通“兹”。 ⑨“万实”,本作“万宝”。 ⑩ 一丈曰堵。环堵者,面各一丈,言小也。 ⑪ 俎,切肉之几;定,盛脯之具:皆礼器也。 ⑫ 八尺曰寻,倍寻曰常。
⑬ "沟"下本无"洫"字。 ⑭ 还,回也。 ⑮ 鲵,借为"鲕"。 ⑯ 制,法
度也。为之制,谓(以为)合于标准也。 ⑰ 六尺曰步,七尺曰仞。
⑱ 按:孽,即"孽"之变体。孽,庶子也。 ⑲ 祥,善也。 ⑳ 介,独也。
㉑ "蚁"上本无"蝼"字。 ㉒ 眇,远也。 ㉓ 二子,尧、舜也。 ㉔ 简,择
简,栉,梳。 ㉕ 窃窃,计较之貌。 ㉖ 阫,墙也。 ㉗ 南荣趎,庚桑弟
子也。 ㉘ 抱汝生,即保汝生。 ㉙ 营营,往来也。 ㉚ 辟,相著也。
辟,谓形与形互相密集也。 ㉛ 奔蜂,小蜂也;一云土蜂。藿蠋,豆藿中大
青虫。 ㉜ 越鸡,小鸡也,或云荆鸡也。 ㉝ 鲁鸡,大鸡也,今蜀鸡也。
㉞ 唯,敬应之声也。 ㉟ 惧然,惊貌也。 ㊱ 朱愚,犹专愚,无知之貌也。
㊲ 愁我躯,束我躯也。 ㊳ 骑,本作"己"。 ㊴ 规规,失神貌。 ㊵ 亡
人,谓无识无知之人也,或亡失方向之人也。 ㊶ 请入就舍,假先生之馆
而卒业也。 ㊷ 熟,粉熟。 ㊸ 郁郁,熟洒貌。 ㊹ 韄,缚也。捷,闭也。
缪,结也。 ㊺ 卫生,防卫其生,令合道也。经,常也。 ㊻ 抱一,不离其
性。 ㊼ "凶吉",本作"吉凶"。 ㊽ 止,止于分也。已,无追故迹。
㊾ 诸,于也。 ㊿ 翛然,无停迹也。侗然。无节碍也。 ﹇ 儿子,同于赤
子也。 ﹈ 嗥,本亦作"号"。 ﹉ 嗌,喉也。 ﹊ 共,壹也。 ﹋ 瞁,字
又作"瞚";同,动也。 ﹌ 交,即邀也。 ﹍ 撄,扰乱也。

　　【译文】老聃的学生,有个叫庚桑楚的,他稍微学得了一点老
聃的道术,就到北方的畏垒山去居住。这个地方的臣民,凡是大
言不惭,自以为明智的人,他都抛弃了他们;凡是束身自好,以为
合乎仁道的人,他都疏远了他们;懵懵懂懂的人都和他同居,芒
芒昧昧的人都受他驱使。居住了三年,畏垒这个地方大丰收。
畏垒的居民互相谈论说:"庚桑楚初来的时候,我们都有些奇怪
他。现在,我们每天计算一下,日子并不大满足;每年计算一下,
却有了富余。他大概是个圣人吧? 我们为什么不互相推举他作
君主,给他立起宗庙社稷祝祭他呢?"

庚桑楚听到这个消息,他面朝着南方,有些不高兴。学生们都觉得他奇怪。

庚桑楚说:"学生们!你们为什么对我感到奇怪呢?在春气发动的时节,百草就都生长;待到秋天的时节,万物就都成熟。这春秋的时令,难道它是一无所取就如此的吗?天道在这里已经施行了。我听说过:'至人只是安安静静地居住在简陋的宫室之中,而百姓们就都无识无知地不知道往哪里去。'现在,畏垒的小民们,都偷偷摸摸地想把我供奉在贤人中间,难道我要在人们中间树立标帜吗?我所以总忘不掉老聃〔自然无为〕的教导。"

学生说:"不是这样的。那十来尺长的水沟,大鱼不能在里面转身,可是小鱼却认为很合适;那几尺高的土丘,大兽不能在里面隐身,可是小狐狸却认为很不错。况且,尊重贤人,授权能人,倡导善行,施予利益,自古以来唐尧、虞舜就已经如此,何况是畏垒的人民呢?老师还是听其自然吧。"

庚桑楚说:"青年们,过来!那嘴里能够含起车的大兽,独自离开山林,就免不掉要遭到网罟的灾患;那嘴里能吞下船的大鱼,由于波涛荡溢而离开了水泽,就是蝼蛄和蚂蚁也敢伤害它。所以,鸟兽不嫌山高,鱼鳖不嫌水深。那保全自己形体和生命的人,他隐藏自己的身躯,是不会嫌居处幽远的。况且,唐尧、虞舜这两个人,又有什么值得称扬的呢?他们对于分辨事物,不就像把垣墙凿坏了,却种植上蓬蒿去作屏障一样吗?捡着毛发来梳头,数着米粒来做饭,斤斤计较的,又怎么能够救济世界呢?举用贤才,人民就会互相倾轧;任用智能,人民就会互相剽窃。像这些事情,都不足以淳厚人民的德性。人民对于贪图财利非常殷勤:儿子有的杀了父亲,臣仆有的杀了君主,大白天就做贼盗,中午挖窟窿。我告诉你:天下大乱的根源,必然要产生在唐尧、虞舜时代;它的末流,将要保持到千秋万代之后;千秋万代之后,必然要有人吃人的现象。"

庚桑楚的学生南荣趎〔听到这些话〕,很惊悚地正了正坐位,就问:"像我的年岁,已经很大了,将要凭着什么样的学业,才能够跟得上这种(隐藏自己的身躯,不嫌居处幽远的)说法呢?"

唐桑楚说:"要保全住你的形体,要抱守住你的生命,不要使你的思虑反复搅扰;像这样三年之后,就可以跟得上这种说法了。"

南荣趎说:"眼睛在形体上,我不知道它们有什么不同,可是瞎子就不能够使自己看得见;耳朵在形体上,我不知道它们有什么不同,可是聋子就不能够使自己听得见;心在形体上,我不知道它们有什么不同,可是狂人就不能够使自己精神愉快。形体与形体之间,也算是很密切的了,莫非其中有一种东西在隔阂着吗?它们想着互相帮助,可是不能够互相如意。现在,您对我说:'要保全住你的形体,要抱守住你的生命,不要使你的思虑反复搅扰。'我听的这些道理,仅仅到达耳朵罢了。"

庚桑楚说:"我的话已经说尽了。有的说:'土蜂不能够孵化豆虫,越鸡(一种小鸡)不能够孵黄鹄蛋',鲁鸡(一种大鸡)当然是能够的。鸡和鸡之间,它们的本性并不是不同的,可是有的就能够,有的就不能够,这是由于它们的才能原来就有大小之分。现在,我的才能小,不能够把你感化过来。你何不到南方去见见老子呢?"

南荣趎担着食粮,走了七天七夜,到了老子的处所。

〔一见面,〕老子问南荣趎说:"您是从庚桑楚那里来的吗?"

南荣趎恭恭敬敬地回答:"是的。"

老子又问:"您怎么带来了这么多的同伴呢?"

南荣趎惊慌地回头看了看自己的背后。

老子又问:"您不懂得我所说的话吗?"

南荣趎低下头来,表示惭愧;仰起头来,叹了口气,说:"现在,我忘掉了我所要回答的话,因而也就失掉了我想询问的话了。"

老子说:"您这是什么意思呢?"

南荣趎说:"不明智吧,人们就说我愚蠢;明智吧,反而要束缚了我的身躯。不仁爱吧,就会残害了别人;仁爱吧,反而要束缚了我的形体。不正义吧,就会毁伤了别人;正义吧,反而要束缚我的外貌。我怎样摆脱这些束缚然后才可以呢?这明智、仁爱、正义三个概念,便是我所忧愁的。我愿意藉着庚桑楚的介绍而向您请教。"

老子说:"方才,我看到你的面色,我就知道你的来意了;现在,你又这样说,因而就更证实了我的看法。你变容失色地好像失去了父母,扛着竿子向海里去寻找一样。你真是一个迷失方向的人啊!怅惘无依的,你打算返还你的情性,可是找不到门径。真是可怜啊!"

南荣趎请求到老子的馆舍住下,来求得自己所喜好的(道德),去掉自己所厌恶的(物欲)。南荣趎自修了十天,又去求见老子。

〔一见面,〕老子就对南荣趎说:"你自己洗濯得可真不错啊,热气腾腾的!然而这里面水淋淋地还是存在着些肮脏东西啊!那外形被事物所束缚住的,不可以趁着它的繁乱而去捉它,必定要从内心封闭住它的侵袭;内心被私欲所束缚住的,不可以趁着它的缪结去捉它,必定要从外形封闭住它的干扰。如果外形和内心都被束缚住的,就是道德也不能够扶持它,何况是背道而行的人呢!"

南荣趎说:"乡村里的人有了病,同村的人去问他,病人能够说出自己的病状,可是他把病当作病,神智还没有病。像我听到了大道,就如同喝了药来加重病情一样。我愿意听一听防卫人生的常则就可以了。"

老子说:"保卫人生的常则是:你能够抱守自己的身躯吗?你能够不失掉自己的本性吗?你能够不用占卜就知道吉凶祸福吗?你能够安分守己吗?你能够不究既往吗?你能够放过旁人而责求自己吗?你能够做到无系无累吗?你能够做到无识无知吗?你能够像婴儿一样吗?婴儿整天地啼哭,可是喉咙并不嘶哑,这是由于他元气异常淳和;整天地握着拳头,可是手里并没有捉着东西,这是由于他德性专一;整天地看事儿,可是眼睛并不转动,这是由于他对于外物无所偏爱。行动不知道往哪里去,安居时不知道做什么好;顺从着万物,和它们随波逐流。这便是防卫人生的常则。"

南荣趎又问:"那么,这就是至人的德性吗?"

老子说:"不是的。这只不过是所谓冰消冻解之人所能够做到的啊!那至人,他和万物一同向大地求食,一同向上天求乐趣;他不和人民万物的利害相搅扰,不和他们一同作怪,不和他们一同谋划,不和他们一同起事;他无系无累地走了,无识无知地来了。这便叫作防卫人生的常则啊。"

南荣趎说:"那么,这就算达到顶点了吗?"

老子说："还没有。我本来就告诉你了：'你能够像婴儿一样吗?'婴儿，举动不知道做什么；行走不知道往哪里去；身体如同干枯的树枝，心志如同死灭的灰烬。像这样，灾祸不会招致，幸福不会到来。灾祸和幸福都没有，哪里还会有人来伤害自己呢?"

宇泰定者，发乎天光①。发乎天光者，人见其人。人有修者，乃今有恒②。有恒者，人舍之，天助之。人之所舍，谓之天民；天之所助，谓之天子。

【注释】① 宇，器宇也。　② 恒，常也；谓凝常之道。

【译文】器宇(神态)泰然静定的人，他的德性发自天光。德性发自天光的人，人们都见到他的为人。凡是有修养的人，才能够保持永恒。保持永恒的人，人民就会遗弃他，上天就会帮助他。被人民所遗弃的，就叫作天民；被上天所帮助的，就叫作天子。

学者，学其所不能学也；行者，行其所不能行也；辩者，辩其所不能辩也。知止乎其所不能知，至矣。若有不即①是者，天钧败之。

【注释】① 即，犹若也。

【译文】学习，就是学习自己所不能学习的知识；实践，就是实践自己所不能实践的事务；辩论，就是辩论自己所不能辩论的是非。能够停留在自己所不能知道的地方，他就算达到顶点了。如果有不是这样的，"天钧"(循环的天道)就使他失败。

备物以将形①，藏不虞以生心②，敬中以达彼。若是，而万恶至者，皆天也，而非人也。不足以滑成③，不可内于灵台④。

灵台者，有持，而不知其所持，而不可持者也。不见其诚己而发，每发而不当；业入而不舍，每更为失。

【注释】① 将，扶也。　② 虞者，臆度之谓。虞，借为"虑"。　③ 滑，乱也。成，定也。　④ 灵台者，心也。

【译文】具备万物，来扶助自己的形体；不怀藏思虑，来修养自己的心志；中心敬慎，来和万物相沟通。如果做到这样，可是万恶还是来到自己身上的，这都是天意，而不是人为。这也不足以扰乱了内心的静定，也不能够把万恶引入内心。

人们的内心有一定的操守，可是一般都不知道怎样去操守它，因为它是不可以操守的东西。表现不出自己内心的充实，而任意发出，虽然发出来，必然不会适当；万恶业已进入内心，可是不肯舍去，虽然变更自己的行动，也要造成过失。

为不善乎显明之中者，人得而诛之；为不善乎幽闇①之中者，鬼得而诛之。明乎人，明乎鬼者，然后能独行。

【注释】① 闇，本作"闇"。

【译文】在明处作恶的人，众人就可以诛罚他；在暗处作恶的人，鬼神就可以诛罚他。明通人道，又明通鬼神之道的人，然后才能够独自行动。

券①内者，行乎无名；券外者，志乎期费②。行乎无名者，唯庸有光③；志乎期费者，唯贾人④也，人见其跂，犹之魁然。

【注释】① 眷,当读为"眷"。眷,顾也。　② 期费,犹敛财也。③ 唯,读为"虽"。　④ 贾人,高价贩卖之人。

【译文】面向内心的人,行动不顾及名誉;面向外物的人,思想总希图赚钱。不顾及名誉的人,虽然平庸无奇,却保有光明;总希图赚钱的人,只有商人才是这样,人们看到他在市场中举起脚跟四下张望,就好像人群中的土丘一样。

与物穷①者,物入②焉;与物且③者,其身之不能容,焉能容人? 不能容人者,无亲;无亲者,尽人④。

【注释】① 穷,当读为"躬"。与物穷,即与物接近、与物一体之意。② 入,归依。　③ 且,借为"阻"。　④ 尽人,尽是他人。

【译文】同万物接近的人,万物就都归顺他;同万物阻隔的人,连他自己的身体都不能够容纳,怎么能够容纳人呢? 不能容纳人的人,没有亲近的人;没有亲近的人,他看着所有的人都是外人。

兵莫憯于志,镆铘为下①;寇莫大于阴阳,无所逃于天地之间。非阴阳贼之,心则使之也。

【注释】① 镆铘,良剑名。

【译文】兵器没有比意志再锋利的,良剑都在其次;贼盗没有比阴阳再大的,人在天地之间,没有办法逃脱它的控制。并不是阴阳能伤害人,而是人心指使他这样。

道,通其分也;其成也,毁也。所以恶乎分者,其分也以备；所以恶乎备者，其有以备。故出而不^①，反见其鬼；出而得^②，是谓得死。灭而有实，鬼之一也。

【注释】① 不，读曰"否"。　② 得，通"德"。

【译文】"道"，就是会通万物分歧的；万物的生成，也就是它的毁灭。所以厌恶万物的分歧的，是由于把万物分歧得太完备了；所以厌恶万物分歧得太完备的，是由于有所为而求着完备。所以，生下来就无德，反而表现出他还是个鬼物；生下来就有德，他的死亡乃是德性的死亡（人还不曾死亡）。德性灭绝（无德），可是还存在着实体，这也是死鬼的一种。

以有形者象无形者，而定矣。

出无本，入无窍。有实而无乎处，有长而无本剽^①。——有实而无乎处者，宇也；有长而无本剽者，宙也^②。

有乎生，有乎死，有乎出，有乎入。入出而无见其形，是谓天门^③。——天门者，无有也。万物出乎无有。

有，不能以有为有，必出乎无有。而无有一无有。圣人藏乎是。

【注释】① 剽，末也。"本剽"上本有"乎"字。今以意删。　"有长而无本剽"句下，本有"有所出而无窍者有实"九字。今以意删。　② 四方上下曰宇。往古来今曰宙。　③ 天门者，万物之都名也。

【译文】用有形的事物来拟象无形的事物，天地间的事物就是这样确定的。

〔天地间的事物，〕它们出来，并不依靠本体；它们进去，并不通过孔窍。有它们的实际，可是没有它们的处所；有它们的长度,可是没有它们的始末。有它们的实际,可是没有它们的处所,这就叫作宇(空间);有它们的长度,可是没有它们的始末,这就叫作宙(时间)。

有时是生存,有时是死亡,有时是出现,有时是隐藏。或是隐藏,或是出现,可是都看不到它们的形象,这就叫作"天门"(造物之门)。——天门,就是"无有"。万物就出生于"无有"。

"有",不能够把"有"作为"有",它必然要出生于"无有"。而"无有",就是无有。圣人是深于这种道理的。

古之人,其知有所至矣。

恶乎至?

有以为未始有物者。至矣,尽矣,弗可以加矣。

其次,以为有物矣,将①以生为丧也,以死为反也。是以分已②。

其次,曰:始无有;既而有生,生俄而死。以无有为首,以生为体,以死为尻。孰知有无、死生之一宗③者,吾与之为友。

是三者,虽异,公族也,昭景也,著戴④也,甲氏⑤也,著封⑥也:非一也。

【注释】① 将,且也。 ② 虽欲均之,然必分也。 ③"宗",本作"守",当为误字。 ④"戴",可借为"代"。著代,即世家也。 ⑤ 甲氏,犹言大姓、豪门也。 ⑥ 著封,犹言大国也。

【译文】古代的人,他们〔对于宇宙〕的认识是达到一定水平的。

这一定水平到了什么程度呢?

有的以为宇宙间是不曾有万物的。这样的认识是最高明的,到达极点的,不能够再超过它的。

其次的,以为宇宙间是有万物的,并且把生存认为就是丧失,把死亡认为就是归返本元。万物就是因此而有差别的。

又其次的,是这样说:最初是"无有"的,既然有了生物,生存不久,就又死亡。把"无有"作为头部,把生存作为躯体,把死亡作为臀部。谁知道"有"和"无"、死亡和生存是一贯的道理,我就同他做朋友。

这三种认识,虽然不同,〔但是都有一定的造诣,打个比方,〕它们都是贵族,都是显族,都是世家,都是大姓,都是大国:各不相同。

有生,黬也①。披然,曰"移是"②。

尝言"移是",非所言也;虽然,不可不知也。腊③者之有膍④,胲可散而不可散也;观室者,周于寝庙,又适其偃⑤焉。为是,举"移是"。

请尝言"移是"。

"是":以生为本,以知为师,因乘以是非;果有名实,因以己为质⑥,使人以为己节,因以死偿节⑦。

若然者,以用为知,以不用为愚,以彻为名,以穷为辱。

"移是",今之人也,是蜩与学鸠同于同也⑧。

【注释】① 黬,釜底黑也。 ② 披然,谓分析之。移是,移动是(真理)之标准也。 ③ 腊者,大祭。 ④ 膍,牛百叶也。 ⑤ 偃,屏侧也。 ⑥ 质,主也。 ⑦ 偿,报也,复也。谓杀身以成名节。成而身死,故曰以死偿节也。 ⑧同于同,谓同而又同也。

【译文】宇宙间所有的生物,如同锅底的黑炱一样,〔分不出彼此和是非。〕如果去分析它,那就叫作"移动是(真理)的界限"(自是其是)。

我们尝试着谈一谈"移动是(真理)的界限"的道理,这话是不好谈的;虽然如此,但是这个道理是不可以不知道的。〔譬如,〕年终大祭所用的牛百叶,它是兼乎可分与不可分之间的(聚散本不分);〔又如,〕参观宫室的人,普遍地参观了宫寝、宗庙,又要到厕所里去排解(雅俗本不分)。由此可见,大多数的人都是"移动是(真理)的界限"的。

我们就尝试着谈一谈"移动是(真理)的界限"的道理吧:

一般所谓"是"(真理):把生存作为根本,把明智作为导师,因而就在事物上加添一层是非;虽然有了名义和实际,因而就把自己作为是非的主宰,驱使别人为自己守节,因而人们就用死亡来成全自己的节操。

像这样的人,把被录用作为聪明,把不被录用作为愚蠢;把显达作为名誉,把困顿作为耻辱。

"移动是(真理)的界限",乃是现代(浅薄)之人,他和蜘蟟与小鸠的见识是完全相同的。

踬①市人之足,则辞以放骜②;兄,则以妪③;大亲,则已矣④。故曰:至礼不人⑤,至义不物⑥,至知不谋,至仁无亲,至信辟金。

【注释】①踬,蹋也。 ②骜,妄也。 ③妪,谓怜爱之也。 ④大亲,犹言至亲。 ⑤"不人"上,本有"有"字。今以意删。 ⑥不物,物皆我也。

【译文】踩着市场人的脚,就向人家道歉,说自己放肆;踩着兄弟的脚,就表示怜苦他;踩着儿子的脚,就没有什么说的。所以说:最大的礼节,分不出别人和自己;最大的正义,分不出外物和自己;最大的明智,不谋划什么;最大的仁慈,没有亲昵;最大的信用,用不着金钱作抵押。

彻志之勃①,解心之谬②,去德之累,达道之塞。

贵、富、显、严、名、利,六者,勃志也;容、动、色、理、气、意,六者,谬心也;恶、欲、喜、怒、哀、乐,六者,累德也;去、就、取、与、知、能,六者,塞道也。此四“六”者,不荡胸中,则正;正,则静;静,则明;明,则虚;虚,则无为而无不为也。

【注释】① 彻,毁也。勃,乱也。　② 谬,借为"缪"。缪,系缚也。

【译文】要毁除意志上的悖乱,要解脱心灵上的束缚,要去掉"德"的系累,要开通"道"的蔽塞。

高贵、富有、显赫、尊严、声名、利禄,这六种,足以悖乱人的意志;容貌、行动、颜色、纹理、气息、情意,这六种,足以束缚人的心灵;憎恶、欲望、欣喜、恼怒、悲哀、欢乐,这六种,足以系累"德"的成就;离去,趋就、取得、施与、智虑、技能,这六种,足以蔽塞"道"的施行。这四项"六",不在内心荡动,心神就能够端正;心神端正,就能够进入安静;心神安静,就能够进入光明;心神光明,就能够进入虚空;心神虚空,就能够进入无为而无所不为的境界。

道者,德之钦①也;生者,德之光也;性者,生之质也。

性之动,谓之为;为之伪,谓之失。

知者,接也;知者,谟也。知者之所不知,犹睨也。

动以不动已之谓德,动无非我之谓治。名相反,而实相顺也。

【注释】 ① 钦,当借为"崟"或"岑"。岑,大也,高也。

【译文】 "道",是"德"的极点;化生,是"德"的光辉;本性,是化生的体质。

本性的动作,叫作行为;行为的虚伪,叫作过失。

认识,是由于对事物的接触;认识,是由于对事物的谋虑。明智人所不能认识的事物,就如同斜视一方一样(不可能见全面)。

由于不得不如此而发出的行动,就叫作"德"。由于自我主张而发出的行动,就叫作"治"。"德"和"治"的名义是相反的,而实际是一致的。

羿工乎中微①,而拙乎使人无己誉。圣人工乎天,而拙乎人。夫工天而俍②乎人者,唯全人③能之。

唯虫能虫,唯虫能天。全人恶天,恶人之天;而况吾天乎人乎?

【注释】 ① 羿,古之善射人。工,巧也。 ② 俍,善也。 ③ 全人,则圣人也。

【译文】 羿巧于射中微小的目标,而拙于使别人不夸奖自己。圣人巧于天道,而拙于人为。那巧于天道而且善于人为的,只有全(圣)人才能够做到。

只有虫类才能够显示虫类的本能,只有昆虫才能够现示天道的造化。全(圣)人憎恶天道,乃是憎恶人为的天道;何况我要把天道加之于人为呢?

一雀过羿,羿必得之,或也①;以天下为之笼,则雀无所逃。

是故,汤以庖人笼伊尹,秦穆公以五羊皮笼百里奚②。

是故,非以其所好而笼之,而可得者,无有也。

【注释】①"过",本作"适"。"或",本作"威"。 ②百里奚好秦,而拘于宛,故秦穆公以五羊皮赎之于楚也。

【译文】只要有一只麻雀飞过羿的头顶,羿必定会射下它来,这是一种骗人的说法;如果把天下作为牢笼,所有的麻雀就没有地方逃脱。

所以,殷汤用聘为厨师来牢笼伊尹,秦穆公用五色羊皮来牢笼百里奚。

所以,不用投其所好的办法去牢笼人,而能够得到人才的,这是没有的事情。

介者移画①,外非誉也;胥靡②登高而不惧,遗死生也。

夫复謵不馈③而忘人,忘人,因以为天人矣。

故,敬之而不喜,侮之而不怒,唯同乎天和者为然。

【注释】①移,本作"移"。移画,不拘法度也。介者,谓一足也。移画,谓不守界限,故有不拘法度之意。介者,形体不全,放浪形骸之外,故移画也。 ② 胥靡,刑徒之人也。 ③ 謵,借为"习"。习復或復习,即"习惯"之意。复謵不愧,即习惯而不愧也。

【译文】一只脚的人,不拘守法度,是因为他不把非难和称誉放在心头;服劳役的罪犯,登上高处但不知道害怕,是因为他早已把死亡和生存置之度外。

那习以为常、不知内愧的人,就能够忘掉别人;忘掉别人,因而就成为契合天道的人。

所以,受致恭敬并不感到欢喜,受到凌辱并不感到恼怒的,只有混同于自然淳和之气的人才能够如此。

　　出怒不怒,则怒出于不怒矣;出为无为,则为出于无为矣。

　　欲静,则平气;欲神①,则顺心。有为也②欲当,则缘于不得已③。不得已之类④,圣人之道。

【注释】①《论衡·论死》篇:"神者,伸也。"《广雅》:"伸,展也。"尹知章《管子》注:"伸,谓放恣也。""神"与"静"对文。《在宥》篇云:"神动而天随。"郭象注:"神,顺物而动。"正是其义。 ② 也,犹而也。 ③ 缘于不得已,则所为皆当。○按:《古书虚字集释》:"则,犹必也。" ④ 类,事也。

【译文】发怒而不怒,那就是恼怒发自不怒之中;表露作为而无所作为,那就是作为表露在无所作为之中。

愿意寂静,就得平和自己的气息;愿意动作,就是顺从自己的意志。有所作为,而愿意做到得当,必然是由于不得已而去作为。由于不得已而去作为的事,便是圣人之道。

二、徐　无　鬼（十八章）

徐无鬼①因女商②见魏武侯③。武侯劳④之曰："先生病矣⑤！苦于山林之劳，故乃肯见于寡人。"

徐无鬼曰："我则劳于君，君有⑥何劳于我？君将盈耆欲⑦，长好恶，则性命之情病矣；君将黜⑧耆欲，掔⑨好恶，则耳目病矣。我将劳君，君有何劳于我？"

武侯超然⑩不对。

少焉，徐无鬼曰："尝语君：吾相狗也，下之质，执饱而止，是狸德也；中之质，若视日⑪；上之质，若亡其一。吾相狗，又不若吾相马也。吾相马，直者中绳，曲者中钩，方者中矩，圆者中规⑫，是国马也，而未若天下马也。天下马，有成材，若卹若失⑬，若丧其一；若是者，超轶⑭绝尘，不知其所。"

武侯大说而笑。

徐无鬼出。女商曰："先生独何以说吾君乎？吾所以说吾君者，横说之，则《诗》、《书》、《礼》、《乐》；从说之，则《金版》、《六弢》；事奉而有大功者，不可为数；而吾君未尝启齿⑮。今先生何以说吾君，使吾君说若此乎？"

徐无鬼曰："吾直告之吾相狗、马耳。"

女商曰："若是乎?"

曰："子不闻夫越之流人⑯乎? 去国数日,见其所知而喜;去国旬月,见所尝见于国中者喜;及期年⑰也,见似人⑱者而喜矣。不亦去人滋久,思人滋深乎? 夫逃虚空⑲者,藜藋柱乎鼪鼬之迳⑳,良位其空㉑,闻人足音,跫然而喜矣;又况乎昆弟、亲戚之謦欬其侧者乎? 久矣夫,莫以真人之言謦欬吾君之侧乎!"

【注释】① 徐无鬼,缗山人,魏之隐士也。司马本作"缗山人徐无鬼"。② 女商,魏武侯幸臣。 ③ 魏武侯,名击,文侯之子,治安邑。 ④ 劳,慰劳。 ⑤ 病,苦也。 ⑥ 有,读为"又"。 ⑦ 者,为"嗜"省。 ⑧ 黜,退也。 ⑨ 擎,引去也。擎,当借为"遣"。遣,犹送也。 ⑩ 超然,犹怅然也。超,借为"惆"。惆,失意也。 ⑪ 眎日,瞻远也。 ⑫ 言其动合矩度也。 ⑬ 卬、失,皆惊悚若飞也。卬,谓飞驰;失,谓奔流。 ⑭ 轶,过也。 ⑮ 启齿,笑也。 ⑯ 流人,有罪见流徙者也。越之,谓远去也。 ⑰ 期年,周年。 ⑱ 似人,似其本国之人也。 ⑲ 虚空,犹言丘洞也。 ⑳ 柱,塞也。迳,本亦作"径"。藜、藋,野草。 ㉑ 位其空,谓处其空虚之间也。良位其空,谓久立其洞之上也。

【译文】徐无鬼藉着女商的介绍,去晋见魏武侯。武侯慰劳徐无鬼说："先生太累了! 您苦于山林的劳作,所以才肯来见我吧。"

徐无鬼说："我本来是慰劳君王来的,君王又为什么慰劳我呢? 君王如果充满了嗜好和私欲,增长了爱好和憎恶,那您性命的实质就会受到损害;君王如果去掉了嗜好和私欲,摒除了爱好和憎恶,那您的耳目就会感到痛苦。我本来是慰劳君王来了,君王又为什么慰劳我呢?"

武侯感到茫然,回答不上来。

过了一会儿,徐无鬼又说:"我就对君王说吧:我会相狗,下等品质的,只能保持饱肚子就算完了,这是狸猫的性格;中等品质的,〔志气高昂,〕如同仰望太阳;上等品质的,〔精神镇定,〕如同失去自己的身体。我的相狗,还不如我相马的技术高明。我相马,〔马的步度〕,直度要合乎墨线,曲度要合乎曲线板,方度要合乎曲尺,圆度要合乎圆规,这便是盖过全国的良马,可是还不如盖过天下的良马。那盖过天下的良马,有天生的素质,如同疾风,如同奔流,如同失去自己的身体;像这样的马,奔驰迅捷,超越尘埃,不知道它飞腾的所在。"

武侯非常高兴地笑了。

徐无鬼辞别武侯出去。女商问徐无鬼说:"先生究竟把什么讲说给我们君王了呢?我所以讲说给我们君王的,在横的方面说,就是《诗》、《书》、《礼》、《乐》一类的儒学;在纵的一方面说,就是《金版》、《六弢》一类的兵法;至于事奉君王而立过大功的事迹,更是数不胜数;可是我们君王从来也没有笑过。现在,先生究竟用什么讲说给我们君王,使我们君王如此的高兴呢?"

徐无鬼说:"我只不过是告诉他我的相狗、相马的技术罢了。"

女商说:"是这样的吗?"

徐无鬼说:"您没有听说过那被流放到远方的人吗?他们离开国境几天之后,见到自己所熟悉的人,就感到欣慰;离开国境十天半月之后,见到自己在本国常见过的人,就感到欣慰;等到一周年,见到像自己本国的人,就感到欣慰了。这不是离开本国人越久,思念本国人的心情就越深了吗?那逃亡在丘洞里的人,野草都塞住了野兽来往的路途,他在这洞里住得很久了,一听到人的脚步声,他就毛发悚然地感到欣慰了;何况是他的兄弟、亲戚在他的身旁说说道道的呢?老早就这样了,我们不需要用真人的话在我们君王身旁说说道道啊!"

徐无鬼见武侯。武侯曰:"先生居山林,食芋栗,厌葱韭,以宾①寡人,久矣夫!今老邪?其欲干②酒肉之味邪?其寡人亦有社稷之福邪?"

徐无鬼曰:"无鬼生于穷贱,未尝敢饮食君之酒食。将来劳君也。"

君曰:"何哉?奚劳寡人?"

曰:"劳君之神与形。"

武侯曰:"何谓邪?"

徐无鬼曰:"天地之养也一。登高,不可以为长;居下,不可以为短。君独为万乘之君,以苦一国之民,以养耳目鼻口。夫神者,不自许③也。夫神者,好和而恶奸。夫奸,病也;故劳之。唯君所病之,何也?"

武侯曰:"欲见先生,久矣。吾欲爱民,而为义偃兵④,其可乎?"

徐无鬼曰:"不可。爱民,害民之始也;为义偃兵,造兵之本也。君自此为之,则殆不成。凡成美,恶器也。君虽为仁义,几且伪哉!形固造形:成固有伐,变固外战。君亦必无盛鹤列⑤于丽谯⑥之间,无徒⑦骥于锱坛之宫,无藏逆于得,无以巧胜人,无以谋胜人,无以战胜人。夫杀人之士民,兼人之土地,以养吾私与吾神者,其战不知孰善,胜之恶乎在? 君若勿已矣! 修胸中之诚,以应天地之情,而勿撄,夫民死已脱矣。君将恶乎用夫偃兵哉?"

【注释】① 宾,本亦作"摈",摈,弃也。 ② 干,求也。 ③ 许,与也。④ 偃,息也。 ⑤ 鹤列,谓兵如鹤之行列。 ⑥ 丽谯,高楼也。 ⑦ 徒,步也。

【译文】徐无鬼去进见魏武侯。武侯对徐无鬼说:"先生居住在山林,吃着野果,饱食了野菜,而远离了寡人,日子过久了! 现在,老了吧? 莫非愿意求得酒肉之味吗? 莫非寡人还有享受国家的福气吗?"

徐无鬼说:"我生长在贫贱之家,并不曾敢吃喝君王的酒食。我乃是慰劳君王来了。"

武侯说:"怎么,你用什么来慰劳寡人呢?"

徐无鬼说:"我慰劳君王的精神和形体。"

武侯说:"这是什么意思呢?"

徐无鬼说:"天地生养万物是齐一的。登上高处,不可以认为自己增高;住在低处,不可以认为自己减短。君王独自作为大国之君,害苦了全国的人民,来供养自己的形体。那神明的君王,并不是使天下供给自己。那神明的君王,是喜好和同,而憎恶奸私。这种奸私,便是病态;所以我就得慰劳它。可是君王所以要患这种病的,究竟是什么原因呢?"

武侯说:"我希望见到先生,日子已经很久了。我愿意仁爱人民,而为正义休止兵戈。这可不可以呢?"

徐无鬼说:"不可以。仁爱人民,便是苦害人民的开始;为正义休止兵戈，便是制造兵戈的本原。君王如果这样做，就必然没有成就。凡是成全善事，便是恶事的形成。君王虽然追求仁义，差不多要接近虚伪了！这种现象，本来就能够制造出另一种现象：做了好事，就要向人自夸；内心一动，就要和外界发生争端。君王必须不要在楼阁之中贮藏兵器，不要在宫苑之中练习兵马，不要在贪心中包藏祸心，不要以巧诈胜人，不要以谋划胜人，不要以战争胜人。那屠杀别国人民，兼并别国土地，用来供养自己私欲和精神的人，这种战争并不知道哪一方面是正义的，怎么能够取得胜利呢？君王还是不要这样做吧！君王要培养内心的忠诚，来应和天地爱物之情，而不搅扰人民，人民的死亡就能够摆脱了。君王还用得着什么休止兵戈了呢？"

黄帝将见大隗①乎具茨之山②。方明为御，昌寓骖乘，张若、䜶朋前马，昆阍、滑稽后车③。至于襄城之野，七圣④皆迷，无所问涂。

适遇牧马童子，问涂焉，曰："若知具茨之山乎？"

曰："然。"

"若知大隗之所存乎？"

曰："然。"

黄帝曰："异哉！小童非徒知具茨之山，又知大隗之所存。——请问为天下。"

小童曰："夫为天下者，亦若此而已矣，又奚事焉？予少而游于六合之内⑤。予适有瞀病⑥。长者教予曰：'若乘日之车⑦，而游于襄城之野。'今予病少痊，予又且复游于六合之外。夫为天下,亦若此而已,予又奚事焉?"

黄帝曰:"夫为天下者,则诚非吾子之事;虽然,请问为天下。"

小童辞。

黄帝又问。

小童曰:"夫为天下者,亦奚以异乎牧马者哉?亦去其害马者⑧而已矣。"

黄帝再拜稽首,称"天师"而退。

【注释】① 大隗,神名也;一云:大道也。 ② 具茨,在荥阳密县东,今名泰隗山。 ③ 骖参,车右也。方明、滑稽等,皆是人名。在右为骖,在左为御。 ④ 七圣,黄帝一,方明二,昌寓三,张若四,謵朋五,昆阍六,滑稽七也。 ⑤ 六合之内,谓嚣尘之里也。 ⑥ 暓,风眩貌。暓,读为"瞀",谓眩瞀也。 ⑦ 乘日之车,以日为车也。 ⑧ 害马者,谓造父之流。去其害马者,使马勿失其本性。

【译文】黄帝将要去具茨山访问大隗。方明驾车,昌寓作下手,张若和謵朋作马前先行,昆阍和滑稽作马后随从。走到广漠无边的郊野,这七位圣人都迷失了方向,没有地方去问路。

恰好遇见了一个放马童子,就向他问路,说:"你知道具茨山在什么方向吗?"

放马童子说:"知道。"

又问:"你知道大隗住在什么地方吗?"

放马童子说:"知道。"

黄帝说:"奇怪啊!这个小童子不但知道具茨山在什么方向,还知道大隗住在什么地方。——我请问您治理天下的方术。"

小童子说:"那治理天下的,也只不过是和这个一样罢了,又有什么可作的呢? 我小的时候,就遨游在天地四方之内。我当时有眼眩的病。年长的人就教给我说:'你驾驶着太阳这部车,随着它在这广漠无边的郊野游玩。'现在,我的病好了一些,我就又在那天地四方之外遨游。那治理天下,也只不过和这个一样罢了,又有什么可作的呢?"

黄帝说:"那治理天下的事情,当然不是您分内之事;虽然如此,我还是请问您治理天下的方术。"

小童子没有回答。

黄帝又问他。

小童子说:"那治理天下的,和放马的又有什么不同呢? 只不过是去掉那伤害马的(不要失掉它的本性)就行了。"

黄帝向他深深拜了两拜,口称小童子为"天师",就离去了。

知士,无思虑之变,则不乐;辩士,无谈说之序①,则不乐;察士,无凌谇②之事,则不乐:皆囿于物③者也。

招世④之士,兴朝;中民⑤之士,荣官;筋力⑥之士,矜难⑦;勇敢之士,奋患⑧;兵革之士,乐战;枯槁之士⑨,宿名⑩;法律之士,广治;礼教之士,敬容;仁义之士,贵际。

农夫,无草莱⑪之事,则不比⑫;商贾,无市井之事,则不比。

庶人,有旦暮之业,则劝;百工,有器械之巧,则壮。

钱财不积,则贪者忧;权势不尤⑬,则夸⑭者悲。

势物之徒,乐变⑮,遭时有所用,不能无为也。

——此皆顺比⑯于岁,不物于易⑰者也;驰其形性,潜之⑱万物,终身不反。悲夫!

【注释】① 序,端叙。 ② 凌谇,谓互相触犯,互相指责也。 ③ 囿,犹言局限也。 ④ 招,借为"绍"。招世,谓继续世代,不使灭绝也。 ⑤ 中,得也。中民之士,即《周礼·太宰·九两》章之"二曰礼以贵得民","七曰吏以治得民",故曰"荣官"也。《外物》篇云:"中民之道,进焉耳。"义亦同。 ⑥ 筋,肉之力也。 ⑦ 矜,济。 ⑧ 奋,舒也,振也。 ⑨ 枯槁之士,食芋衣褐,形容憔悴。 ⑩ 宿,取也。宿名,犹言取名也。 ⑪ 莱,除其草莱也。 ⑫ 比,当借为"昇"。昇,喜乐貌。 ⑬ 尤,甚也。 ⑭ 夸,虚名也。夸者,矜夸之士。 ⑮ 物,事也。逞势生事之徒,喜乐祸变。 ⑯ 比,次第也。 ⑰ 物,识也。不物于易,谓不识变易之理也。 ⑱ 之,犹于也。

【译文】智谋之士,没有抒发思虑的事变,就不愉快;诡辩之士,没有提供谈说的事端,就不愉快;明察之士,没有倾轧争吵的事务,就不愉快:这都是局限于外物的人。

继世之士,振兴朝廷的威信;得民之士,取得光荣的官位;大力之士,急于救济患难;勇敢之士,勇于解除痛苦;兵革之士,乐意战斗;枯槁之士,求取声名;法律之士,关心政治;礼教之士,整肃仪容;仁义之士,注重交际。

农民,没有耕种的事务,就不舒服;商人,没有市场的事务,就不舒服。

平民,有了每天的业务,就精神奋勉;百工,有了器械的技巧,就精神旺盛。

钱财积聚得不多,贪婪的人就发愁;权势不大,好矜夸的人就悲伤。

逞能生事的人,喜欢发生变故,遇到用得着他的时候,他就不能不有所作为。

　　——这都是顺从年序、而认识变化之道的人;他们放任自己的形体和本性,淹没在万物之中,终身也不肯回头。太可怜了啊!

　　庄子曰:"射者,非前期而中,谓之善射,天下皆羿也。可乎?"

　　惠子曰:"可。"

　　庄子曰:"天下非有公是也,而各是其所是,天下皆尧也。可乎?"

　　惠子曰:"可。"

　　庄子曰:"然则,儒、墨、杨、宋①四,与夫子而五;果孰是邪? 或者若鲁遽②者邪? ——其弟子曰:'我得夫子之道矣。吾能冬爨鼎而夏造冰矣。'鲁遽曰:'是直以阳召阳、以阴召阴,非吾所谓道也! 吾示子乎吾道。'于是为之调瑟。废一于堂,废一于室;鼓宫,宫动;鼓角,角动;音律同矣③。夫或改调一弦,于五音无当也;鼓之,二十五弦皆动;未始异于声,而音之君已。——且④若是者邪?"

　　惠子曰:"今夫儒、墨、杨、宋,且方与我以辩,相拂⑤以辞,相镇⑥以声,而未始吾非也。则奚若矣?"

　　庄子曰:"齐人蹢⑦子于宋者,其命阍也,不以完⑧;其求钘钟也,以束缚⑨;其求唐子也,而未始出域⑩:有遗类矣夫⑪! 楚人寄而蹢阍者⑫,夜半于无人之时,而与舟人斗,未始离于岑⑬:而足以造于怨也。"

【注释】① "宋",本作"秉"。 ② 鲁遽,人姓名也;一云,周初时人。
③ 废,置也。 ④ 且,犹殆也。 ⑤ 拂,击也。 ⑥ 镇,压也。 ⑦ 蹢,
投也。 ⑧ 阍,守门人也。 ⑨ 钘钟,似小钟而长颈。 ⑩ 唐,借为
"亡"。 ⑪ 有遗类,谓对事类有所遗忘;亦即迷其心窍,不辨是非之谓也。
⑫ 蹢,当读为"谪"。谪,责也。楚人寄而谪阍者,谓寄居人家,而怒责其阍
者也。与下文"夜半于无人之时,而与舟人斗",均此楚人之事,皆喻其自
以为是也。 ⑬ 离,当读为"丽"。附丽也。岑,岸也。未始离于岑,谓船
犹未近岸也。

【译文】庄子问惠子说:"射箭的人,他所射中的并不是预期
的目标,就说他善于射箭,那天下人就都成了羿了。可以不可
以呢?"

惠子说:"可以。"

庄子又问:"天下是没有公认的是(真理)的,因而人们都把
自己所认为是(真理)的当作是(真理),那天下人就都成了帝尧
了。可以不可以呢?"

惠子说:"可以。"

庄子说:"那么,〔现在的学派,有〕儒、墨、杨、宋四家,加上先
生就是五家;究竟是哪家掌握了是(真理)呢? 莫非就如同鲁遽
那样吗? ——鲁遽的学生对鲁遽说:'我学得老师的道术了。
我能够冬天不用火烧鼎、夏天造出冰了。'鲁遽说:'你只是以阳
气招致阳气,以阴气招致阴气,并不是我所说的道术啊。'于是,
他就为学生调整起琴瑟来。他把一张瑟放在中堂里,一张瑟放
在内室里,弹这一张瑟的宫调,那一张瑟的宫调就振动;弹这一
张瑟的角调,那一张瑟的角调就振动;所有的音律都协同起来
了。如果更动一根弦,成为变调,对于本调的五音,就完全不相
当了;再去弹它,二十五根弦就得都随着变动;这根弦并没有超

出声调的范围,可是它却成为这张瑟的五音之主了。——〔天下没有公认的是真理〕大概就和这个道理一样吧?"

惠子说:"现在,儒、墨、杨、宋各学派正在和我争辩,用言辞相互攻击,用声势相互压制,可是不曾有人说我不对。这是怎么回事呢?"

庄子说:"齐国有这么个人,他打算让自己的儿子做个守门人,因为守门人向来是不用完全人的,他就把自己的儿子放到宋国去;可是他在取长脖钟的时候,却把它捆绑得好好的,〔恐怕伤残着它;〕他在寻求他丢失的儿子的时候,却不离开自己的范围。这是个迷住心窍的人吧!楚国又有这么个人,他寄居在人家,可是他和人家看门的人吵嘴;他在船上,船还没有靠岸,在半夜无人的时候,他和驶船的人打架。这是足以和别人结下仇怨的。"

庄子送葬,过惠子之墓。顾谓从者曰:"郢人①垩慢②其鼻端,若蝇翼,使匠石斫之。匠石运斤成风,听③而斫之,尽垩,而鼻不伤。郢人立不失容。宋元君闻之,召匠石曰:'尝试为寡人为之。'匠石曰:'臣则④尝能斫之,虽然,臣之质⑤死久矣。'自夫子之死也,吾无以为质矣!吾无言之⑥矣!"

【注释】① 郢,与"塓"声相近。塓,即涂也。 ② 垩,白善土也。慢,借为"槾"。槾,涂也。 ③ 听,顺。 ④ 则,犹固也。 ⑤ 质,对也。 ⑥ 之,犹者也。

【译文】庄子去为友人送葬,路过惠子的坟墓。庄子对跟从他的人说:"〔从前,〕有个刷墙的人,他把白土泥涂在自己的鼻尖上,像苍蝇翅膀那么大,他请匠石用斧头给他砍掉。匠石抡起斧头,好像刮风一般,顺劲砍去,把白土泥砍掉了,但伤不着鼻子。刷墙的人立在那里,面不改色。宋元君听到说这件事情,就把匠石召唤来,对他说:'你试试为我作一下看。'匠石说:'我本来曾经砍过这个,不过,我的对手早已死去了。'自从惠先生死去之后,没有谁能够作我的对手的了! 我没有可以在一起谈论的了!"

管仲有病,桓公问之。曰:"仲父①之病,病②矣,可不谓云③;至于大病④,则寡人恶乎属国而可?"

管曰:"公谁欲与?"

公曰:"鲍叔牙。"

曰:"不可。其为人絜廉,善士也;其于不己若者,不比之人⑤;一闻人之过,终身不忘。使之治国,上且钩⑥乎君,下且逆乎民;其得罪于君也,将弗久矣。"

公曰:"然则孰可?"

对曰:"无已,则隰朋⑦可。其为人也,上忘而下畔⑧,愧不若黄帝,而哀不若己者。以德分人谓之圣,以财分人谓之贤。以贤临人,未有得人者也;以贤下人,未有不得人者也。其于国,有不闻也;其于家,有不见也。无已,则隰朋可。"

【注释】① 管仲,齐相也,是鲍叔牙之友人,桓公尊之曰仲父。父,借为"甫"。男子之美称也。 ② 病,疾加也。 ③ 可不谓云,《列子·力命》篇作"可不讳云",言不可复讳而不言也。"谓"、"讳",通借字。 ④ 大病,死也。 ⑤ "人",本作"又"。 ⑥ 钩,本亦作"拘"。钩,钩束。钩,借字。 ⑦ 隰朋,齐贤人也。 ⑧ 畔,犹望也。畔,借为眷。眷,顾也。

【译文】管仲有病,齐桓公去探问他。桓公对管仲说:"仲老,您的病够重的了,这是用不着隐讳的;如果您一病不起,我把国家大事托付给谁呢?"

管仲说:"君王愿意托付给谁呢?"

桓公说:"鲍叔牙。"

管仲说:"不可以。鲍叔牙为人廉洁,倒是个养士;〔不过,〕他对于不如自己的人,不当作人;一听说别人的过错,就一辈子忘不掉。如果任用他执掌国家大事,在上说,将要拘于君王的意旨;在下说,将要违背人民的愿望。他得罪于君王,将要为期不远了。"

桓公说:"那么,谁可以呢?"

管仲说:"如果非让我说不可,我认为隰朋可以。隰朋的为人,在上说,他能忘掉自己的高贵,在下说,他眷念人民的疾苦;他自愧不如黄帝,而且怜悯不如自己的人。把德业分给别人,叫作圣人;把财物分给别人,叫作贤人。用贤智去接近人,没有能得到人心的;用贤智去谦虚于下人,没有不得到人心的。他对于国家琐事,有的没有听到过;他对于家庭琐事,有的没有见到过。如果非让我说不可,我认为隰朋可以。"

吴王浮于江,登乎狙之山①。众狙见之,恂然弃之而走,逃于深蓁②。有一狙焉,委蛇③攫揉④,见巧于王。王射之,敏给⑤搏捷矢⑥。王命相者趋射之⑦。狙既⑧死。

王顾其友颜不疑曰:"之⑨狙之,伐其巧,恃其便,以敖予⑩,以至此殛⑪也。戒之哉!嗟乎!无以汝色骄人哉!"

颜不疑归,而师董梧⑫,以助⑬其色,去乐,辞显;三年,而国人称之。

【注释】① 山多狖猴,故谓之狙山也。 ② 蓁,棘丛也。 ③ 委蛇,从容也。 ④ 攫,搏也。揽,本又作"搔"。搔,谓抓也。 ⑤ 敏给,犹速也。 ⑥ 捷,速也。矢往虽速,而狙搏之。 ⑦ 相者,佐王猎者也。相,助也。趋,急也。 ⑧ "既",本作"执"。既,犹即也。 ⑨ 之,犹是也。本或作"是"。 ⑩ 伐,矜伐。敖,傲慢。 ⑪ 殒,死也。 ⑫ 董梧,有道者也。 ⑬ 助,本亦作"锄"。锄,除去也。

【译文】吴王在大江上乘船游览,登上了猴子山。许多猴子见到他们,都吓得跑开,逃进树丛里去了。独有一只猴子,它从从容容地抓住树枝乱串,在吴王面前逞能。吴王用箭射它,它很敏捷地捉住了飞箭。吴王命令左右的人都赶快射它。猴子就死掉了。

吴王回头对他的朋友颜不疑说:"这只猴子由于炫耀它的技能,恃仗它的灵便,来向我显示傲慢,以至于这样死掉。引以为戒啊!哎呀!不要用你的脸色来向人表示骄傲啊!"

颜不疑回去之后,就拜董梧作老师,用来除掉自己的骄气,摒弃娱乐,辞谢显贵,修养了三年,全国人都称赞他。

南伯子綦①隐几而坐,仰天而嘘。

颜成子入见,曰:"夫物之尤也②,形固可使若槁骸,心固可使若死灰乎?"

曰:"吾尝居山穴之中矣。当是时也,田禾一睹我,而齐国之众三贺之③。我必有④之,彼故⑤知之;我必卖之,彼故鬻⑥之。若我而⑦不有之,彼恶得知之?若我而不卖之,彼恶得而鬻之?嗟乎!我悲人之自丧者,吾又悲夫悲人者,吾又悲夫悲人之悲者。其后,而日远矣。"

【注释】① 南伯子綦,犹是《齐物》中南郭子綦也。 ② 物之尤,谓人也。人,天地之贵物也。 ③ 田禾,齐君也。尊德,故国人贺之。 ④ 有,本作"先"。 ⑤ 故,通"固"。固,犹乃也。 ⑥ 鬻,买也。 ⑦ 而,犹尚也。

【译文】南伯子綦靠着桌子坐着,仰着脸向天叹气。

颜成子进来见他,就问:"物类中最优越的(人),形体难道可以使它像枯骨一样,心灵难道可以使它像死灰一样吗?"

南伯子綦说:"我曾经在山洞里居住过。当着这个时候,齐王田禾去看过我一次,于是齐国的群众三次向他道贺。我必然先有形体,他才知道我;我必然先要出卖,他才收买我。假如我还没有形体,他怎么能够知道我呢?假如我不出卖自己,他怎么能够收买我呢?哎呀!我悲伤那丧失了自己的人,我也悲伤那悲伤别人的人,我更悲伤那悲伤别人所悲伤的人。从此之后,这个日子可没个尽头了啊!"

仲尼之楚,楚王觞①之,孙叔敖执爵而立,市南宜僚受酒而祭。曰:"古之人乎,于此言已②!"

曰:"丘也闻'不言之言'矣,未之尝言,于此乎言之。市南宜僚弄丸,而两家之难解③;孙叔敖甘寝、秉羽,而郢人投兵④。丘愿有喙三尺⑤。"

【注释】① 觞,谓以酒燕之也。 ② 古人饮,必先祭;宜僚沥酒祭,故祝圣人。 ③ 宜僚,楚之勇士也,善弄丸。 ④ 郢,楚都也。投兵,即无所用也。 ⑤ 三尺,言长也。

【译文】孔子到了楚国,楚国宴享他。孙叔敖端起酒爵来站着,市南宜僚接过酒来祭神。他们说:"古代的人嘛,在这时候是要说话的。"

孔子说:"我听到说过'不用说话的说话'了,可是我并没有对别人说过这种话,我就在这里说说吧。市南宜僚玩着弹丸,就解除了两家的祸难;孙叔敖安寝恬卧,手拿羽扇,就却退了敌人,楚国人并没有动用兵戈。我愿意有三尺长的嘴(虽然很长,并不会说话)。"

彼之①谓不道之道,此之谓不言之辩,故德总乎道之所一,而言休乎知之所不知,至矣。

道之所一者,德不能同也;知之所不能知者,辩不能举也。名若儒、墨,而凶矣②。

故海不辞东流,大之至也。圣人并包天地,泽及天下,而不知其谁氏。故生无爵,死无谥③,实不聚,名不立。此之谓大人。

狗不以善吠为长,人不以善言为贤;而况为大乎? 夫为大不足以为大,而况为德乎?

夫大备矣,莫若天地;然奚求焉? 而大备矣。知大备者,无求,无失,无弃,不以物易己也。

反己而不穷,循古而不摩④,大人之诚⑤。

【注释】① 之,犹则也。 ② 夫儒、墨欲同所不能同,举所不能举,故凶。若,犹以也。 ③ 生有名位,死有谥号,所以表其实也。 ④ 摩,消灭也。 ⑤ 诚,实也。

【译文】在那一方面就叫作不用称道的"道",在这一方面就叫作不用语言的论辩，所以，"德"要总归在"道"所齐一的境界，言论要休止在明智所不能够知道的所在，这就算达到顶点了。

"道"所要齐一的，"德"不能和它相混同；明智所不能知道的，争辩也不能解决。加上儒、墨的名称，那就凶险了。

所以，大海不退辞奔向东方的流水，是因为它浩大到极点了。圣人的德业，兼包天地；圣人的恩泽，普及天下；可是并没有人知道他姓甚名谁。所以，他在生前没有官位，在死后没有谥号，实际也不积聚，声名也不树立。这就叫作大人。

狗不能因为它善于叫就叫作好狗，人不能因为他善于说话就叫作贤人；何况是营求"大"呢？那营求"大"的人，不足以称为"大"；何况是营求"德"的呢？

那广大具备的，没有比得上天地的了；然而天地有什么希求的呢？可是它们却广大具备了。知道广大具备的人，没有希求，没有丧失，没有遗弃，不因为外物而动摇自己。

反还本性，而不受到困穷；遵循古道，而不遭到磨灭，这便是古人的实际。

子綦①有八子，陈诸前，召九方歅②曰："为我相吾子，孰为祥。"

九方歅曰："梱③也为祥。"

子綦瞿然④喜曰："奚若？"

曰："梱也将与君同食，以终其身。"

子綦索然出涕⑤曰："吾子何以至于是极⑥也？"

九方歅曰："夫与国君同食，泽及三族⑦，而况父母乎？今夫子闻之，而泣，是御⑧福也。子则祥矣，父则不祥。"

子綦曰:"歅,汝何足以识之? 而⑨梱祥邪,尽于酒肉,入于鼻口矣,而何足以知其所自来? 吾未尝为牧,而牂生于奥⑩;未尝好田,而鹑生于宎⑪。若勿怪⑫,何邪? 吾所与吾子游者,游于天地,吾与之邀⑬乐于天,吾与之邀食于地,吾不与之为事,不与之为谋,不与之为怪;吾与之乘天地之诚,而不以物与之相撄;吾与之一委蛇⑭,而不与之为事所宜。今也,然⑮有世俗之偿焉。凡有怪征者,必有怪行。殆乎! 非我与子之罪,几天与之也! 吾是以泣也。"

无几何,而使梱之于燕,盗得之于道。全而鬻之,则难;不若刖之,则易。于是刖之,而鬻于齐。适当渠公之街⑯,然身食肉而终。

【注释】① 子綦,楚司马子綦也。 ② 九方歅,善相马人。《淮南子》作"九方皋"。 ③ 梱,子綦子名。 ④ 瞿然,惊视貌。 ⑤ 索然,涕下貌。 ⑥ 极,凶极。 ⑦ 三族,谓父、母族,妻族也。 ⑧ 御,距也,逆也。 ⑨ 而,犹如也。 ⑩ 牂,牝羊也。奥,豕牢也。 ⑪ 宎,窟也。 ⑫ 若,此也。勿,犹非也。 ⑬ 邀,求也。 ⑭ 委蛇,犹纵任也。一,犹常也。 ⑮ 然,犹乃也。 ⑯ 当,当为"掌";渠,当为"康"。齐康公,名贷,见《史记·齐世家》。街,当为"闺"。盖梱卖于齐,适为康公守闺,即刖鬻之齐君,为阍人也。

【译文】楚国司马子綦有八个儿子,他把他们排列在自己面前,召来了方士九方歅,对九方歅说:"你给我相相我这几个儿子,哪一个命运好。"

九方歅说:"梱儿的命运好。"

子綦惊喜地说:"怎么样呢?"

九方歅说:"梱儿将来要和君王在一起吃饭,直到终身为止。"

子綦的眼泪刷地落下来,对九方歅说:"我儿子的命运为什么凶恶到这般地步呢?"

九方歅说:"那和君王在一起吃饭的人,三族都沾他的光,何况是父母呢? 现在,先生听到这些,就哭起来,这是抵御福气啊! 儿子的命运是好的,父亲的命运却是不好的。"

子綦说:"歅,你怎么能够知道其中的缘故呢? 如果梱儿的命运好吧,他享受尽了酒肉之味,都进入到他的鼻子嘴里,可是他怎么能够知道这些东西是从哪里来的呢? 我并没有放过羊,可是羊群却生长在我家的圈里;我并不爱好打猎,可是鹌鹑却生长在我家的窝里。这不是奇怪,又是什么呢? 我所和我儿子一同遨游的,是遨游在天地之间。我和他向天要求快乐,向地要求食物;我不和他一同做事,不和他一同谋划,不和他一同作怪;我和他一同依从天地的实质,可是并不因为事物而和他相搅扰;我和他经常是为所欲为,可是不和他选择适合于自己的事物。现在,我却得到了世俗上的酬报。凡是有奇怪的征验的,必然要有奇怪的行为。危险啊! 这并不是我和我儿子的罪过,大概是上天降给我们的啊! 我所以就哭了啊!"

不多久,子綦使梱儿到燕国去,强盗在路上捉住了他。肢体完全地把他卖出,就困难;不如把他的脚砍掉,卖掉就容易。于是强盗把他的脚砍掉了,卖给了齐国;恰好,他当了齐康公的守门人,就吃了一辈子的肉食。

啮缺遇许由,曰:"子将奚之?"

曰:"将逃尧。"

曰:"奚谓①邪?"

曰:"夫尧,畜畜然仁②,吾恐其为天下笑。后世其人与人相食与! 夫民,不难聚也;爱之,则亲;利之,则至;誉之,则劝;致其所恶,则散。爱、利,出乎仁义。捐仁义者寡,利仁义者众。夫仁义之行,唯且无诚,且假夫禽贪者器③,是以一人之断制利天下,譬之一覕④也。夫尧,知贤人之利天下也,不知其贼天下也。夫唯外乎贤者知之矣。"

【注释】① 谓,犹为也。 ② 畜畜,犹煦煦。 ③ 且,犹是也,乃也。者,犹之也。禽贪,犹贪婪也。禽贪者器,贪婪之器也。 ④ 覕,瞥见貌。

【译文】啮缺遇见了许由,啮缺问许由说:"你要到哪里去呢?"

许由说:"我要逃避帝尧。"

啮缺问:"为什么呢?"

许由说:"那帝尧,温温厚厚地仁爱人民,我恐怕他要被天下人所嗤笑。后世大概就要人吃人了啊! 这人民,是不难聚集的;你爱护他们,他们就亲近你;你帮助他们,他们就归附你;你奖励他们,他们就肯替你出力;你做他们所憎恶的事情,他们就离开你。爱护和帮助,是出乎仁义之心。捐施仁义的少,利用仁义的多。这仁义的行为,实际并不是真诚的,乃是假着贪婪的工具(政权),是用一个人的断定来统治利用天下;这就如同一瞥眼一样,〔是不会看到全面的〕。那帝尧,他只知道贤人有利于天下,而不知道他们是贼害天下。这个道理,只有把贤人摒弃在外的人才能够领会啊。"

有暖姝①者,有濡需②者,有卷娄③者。

所谓暖姝者,学一先生之言,则暖暖姝姝,而私自说也;自以为足矣,而不知未始有物也。是以谓暖姝者也。

濡需者,豕虱也:择疏鬣,自以为广宫大囿;奎蹄④曲隈、乳间、股脚⑤,自以为安室利处;不知屠者之一旦鼓臂布草、操烟火,而己与豕俱焦也。此以域进,此以域退,此其所谓濡需者也。

卷娄者,舜也:羊肉不慕蚁,蚁慕羊肉,羊肉,膻也。舜有膻行,百姓悦之;故三徙成都,至邓之虚,而十有万家⑥。尧闻舜之贤,举之童土之地⑦,曰,冀得其来之泽⑧。舜举乎童土之地,年齿长矣,聪明衰矣,而不得休归。所谓卷娄者也。

是以神人恶众至。众至,则不比⑨;不比,则不利也。故无所甚亲,无所甚疏,抱德炀⑩和,以顺天下。此谓真人。

【注释】① 暖,借为"愃",愃,快也。姝,通"侏",实借为"愚"。愚,无所知也。 ② 濡需,借为"懦耎",谓偷安须臾之谓。 ③ 卷娄,谓背项俯曲,向前牵卷而伛偻也。 ④ 奎,两髀之间。蹄,"蹏"本字。 ⑤ "脚",本作"脚"。股脚,犹股隙也。 ⑥ 邓,邑名。虚,本又作"墟"。 ⑦ 童土,土地无草也。 ⑧ 云望得舜来而施泽也。 ⑨ 比,和也,乐也。 ⑩ 炀,借为"养"。

【译文】有欢快蒙昧的人,有苟且偷安的人,有卷曲不伸的人。

所谓欢快蒙昧的人,他学到一位老师的言论,便欢欢快快,蒙蒙昧昧,暗中自喜,自以为满足,而不知道自己并不曾得到什么东西。所以叫作欢快蒙昧的人。

所谓苟且偷安的人,就像猪身上的虱子一样;它选择在鬃毛稀少的地方,自以为是宽宫大苑;选择在大腿根和蹄子的弯曲地方、乳房或大腿的空隙地方,自以为是安全处所;却不料屠夫一旦挽起胳膊,放置好柴草,点起烟火,而自己就和猪一同被烧焦了。这是随域而进、随域而退的办法。这就叫作苟且偷安的人。

所谓卷曲不伸的人,就和大舜一样。羊肉不羡慕蚂蚁,蚂蚁羡慕羊肉,因为羊肉有膻气。大舜就有膻气的行为,百姓们都喜欢他;所以他三次搬家,所到之处,都成了都邑,到了邓邑这个地方,就集聚成十万多家。帝尧听说大舜贤明,就推举他到草木不生的地方去,说是希望得到他来到那个地方的恩泽。大舜被举到草木不生的地方,年龄太大了,聪明衰退了,可是还得不到休息。这就叫作卷曲不伸的人。

所以,神人厌恶众人归附自己。众人来归附,就不得和乐;不得和乐,就对自己不利。所以,没有太亲近的人,没有太疏远的人,抱守道德,保养淳和,来顺从天下,这便叫作真人。

于蚁弃知,于鱼得计①,于羊弃意;以目视目,以耳听耳,以心复心。若然者,其平也绳,其变也循,古之真人。

以天待人②,不以人入天,古之真人。

【注释】①于,犹如也。计,虑也。得计,犹得意也。 ②"待人",本作"徇之"。

【译文】像蚂蚁似地抛弃智慧,像鱼似地悠然自得,像羊似地抛弃意志;用自己的眼睛看自己的眼睛,用自己的耳朵听自己的耳朵,用自己的心灵回复自己的心灵。像这样的人,他的平正如同墨线,他的机变遵循自然。这便是古代的真人。

用天道期待人为,不用人为进入天道。这便是古代的真人。

得之也生,失之也死;得之也死,失之也生①;药也。其实,堇也,桔梗也,鸡廱也,豕零也②,是时为帝者也③。何可胜言?

【注释】① 也,犹者也。　② 堇,乌头也,治风冷痹。桔梗,治心腹血瘀瘕痹。鸡廱,即鸡头也,一名茨,与藕子合为散,服之,延年。豕零,一名猪苓,根似猪卵,可以治渴。　③ 时者,更也。帝,主也。言堇、桔梗、鸡廱、豕零,更相为主也。

【译文】得到它的就能生存,失掉它的就会死亡;得到它的就能死亡,失掉它的就会生存;这便是药的功能。其实,乌头、桔梗、鸡头、猪苓这些药物,〔在处方里,〕是迭相为主的。其中的妙蕴是说不尽的。

句践也以甲楯三千栖于会稽①,唯种也能知亡之所以存,唯种也不知身之所以愁②。

故曰:鸱目有所适,鹤胫有所节③,解④之也悲。

故曰:风之过河也,有损焉;日之过河也,有损焉。请⑤只风与日相与守河,而河以为未始其撄⑥也。恃源而往者也。

故水之守土也审,影之守人也审,物之守物也审。

故目之于明也殆,耳之于听也殆,心之于殉⑦也殆:

凡能其于府也殆。殆之成也不给⑧改,祸之长也兹萃⑨;其反也缘功⑩,其果⑪也待久。而人以为己宝,不亦悲乎?

故亡国戮民无已,不知问是也。

故足之于地也践,虽践,恃其所不蹍,而后善⑫博也。人之于知也少,虽少,恃其所不知,而后知天之所谓⑬也。

【注释】① 句践,越王也。会稽,山名也。越为吴军所残,窘迫退走,栖息于会稽山上也。楯,借为"盾"。 ② 种,越大夫名也。姓文,字少禽。③ 节,犹适也。 ④ 解,去也。 ⑤ 请,当借为"情"。情,实也。⑥ 其,犹之也。未始其撄,未始之撄也,犹言未曾撄之也。 ⑦ 殉,借为"睿"。睿,深明也,通也。目之于明,耳之于聪,心之于殉,皆倒装语,犹言明之于目,聪之于耳,睿之于心也。 ⑧ 不给改者,不疾改也。给,捷也,急也。 ⑨ 兹,多也。萃,聚也。 ⑩ 缘,废也。功,事也。 ⑪ 果,犹终也。 ⑫ 善,滨也,滨尽物理也。 ⑬ 谓,犹为也。

【译文】〔吴国灭掉越国,〕越王勾践率领着三千士卒,退到会稽山上,只有文种能知道越国灭亡之后为什么可以存在,只有文种不知道自己为什么遭到祸患。

所以说:猫头鹰的眼睛有它适宜的所在,仙鹤的腿有它适宜的所在,给它们去掉,它们就有苦痛。

所以说:风经过河水,河水要有亏损;太阳经过河水,河水要有亏损。实际上风和太阳只是互相守着河水,而河水以为它们不曾侵犯它。这是由于它依仗着源泉而得以奔流不息的。

所以,水守着土是明显的事实,影子守着人是明显的事实,物类守着物类是明显的事实。

所以,明察对于眼睛有危害,聪彻对于耳朵有危害,思虑对于心灵有危害:一切本能对于人身器官都有危害。危害形成之后,如果不赶紧改变,灾祸的滋长就要变本加厉;危害的反复足以败坏事业,危害的后果也要停留永久。可是人们却以为这是自己的宝物,不也太可怜了吗?所以,世界上总是有被灭亡的国家和被侮辱的人民,永远也消除不掉,可是人们并不知道过问这些。

所以,脚对于土地是要践踏的,虽然践踏,必须依靠自己所没有走到的,然后才能伸张广泛;人对于知识是缺少的,虽然缺少,必须依靠自己所不知道的,然后才能知道上天的作为。

知大一①,知大阴②,知大囙③,知大均④,知大方⑤,知大信⑥,知大定⑦,至矣。

大一通之,大阴解⑧之,大囙视之,大均缘⑨之,大方体之,大信稽之,大定持之。

尽⑩有天,循有照,冥有枢,始有彼⑪。

则其解之也,似不解之者;其知之也,似不知之也。不知,而后知之。

其问之也,不可以有崖,而⑫不可以无崖。

颉滑⑬有实,古今不代,而不可以亏。则可不谓有大扬推⑭乎?阖⑮不亦问是已?奚惑然为⑯?

以不惑解惑,复于不惑。是以尚⑰大不惑。

【注释】① 大一,即"太一",即天地生成之先淳和一体之气也。《易传》谓之"太极"。 ② 大阴,即《田子方》篇所谓"至阴肃肃"之"至阴"也,《易传》谓之"至柔"。道家以阴柔为主,《老子》所谓"天下之至柔驰骋天下之至刚"者也。 ③ 大囙,本作"大目",不辞。"目"当系"囙"之误。囙,大明也。 ④ 大均,谓天地均平之化者也。 ⑤ 方,则也。大方,犹言大法也,天则也。 ⑥ 大信,犹言"大象",《老子》所谓"大象无形"者是也。或谓之"太真"。　⑦大定,谓天地间之自然静力也。　⑧解者,缓也。
⑨缘,顺也。　⑩尽,当借为"进"。进,生也。谓生息也。　⑪大始之
中,而彼我之端见。　⑫按:而,犹亦也。　⑬颉滑,谓错乱也。　⑭扬
搉,粗略法度。　⑮阖,借为"曷"。　⑯然为,犹云"乎哉"。　⑰尚,曾
也;有"乃"之义。

【译文】领会了太一(太始),领会了太阴(至柔),领会了大明
(天光),领会了太均(大化),领会了大方(天则),领会了大信(大
象),领会了太定(太宁),这个人的造诣就达到顶点了。

太一能够导通万物,太阴能够缓和万物,大明能够观察万
物,太均能够顺理万物,大方能够体现万物,大信能够稽考万物,
太定能够持守万物。

万物生息,有天的主使;万物顺行,有天的明照;在幽冥之
中,有枢机的运转;在元始之中,有彼我的对立。

所以,那了解的,好像是不了解;那知道的,好像是不知道。
不知道,而后才能够知道。

在发问的时候,不可以有边际,也不可以没有边际。

万物杂陈,各有真实;古今承续,不相更代;而不可能有所亏
损。这能说不是有个大的梗概吗? 何不也问问这个呢? 这有什
么可迷惑的呢?

用不迷惑解释迷惑,反还到不迷惑,所以就成为大的不
迷惑。

三、则　　阳（十四章）

则阳①游于楚,夷节②言之于王。王未之见。夷节归。

彭阳见王果③,曰:"夫子何不谭④我于王?"

王果曰:"我不若公阅休⑤。"

彭阳曰:"公阅休何为者邪?"

曰:"冬则擉⑥鳖于江,夏则休乎山樊⑦。有过而问者。曰:'此吾宅也。'——夫夷节已不能,而况我乎?吾又不若夷节。

"夫夷节之为人也,无德而有知;不自许,以之神其交,固颠冥⑧乎富贵之地;非相助以德,相助消也。夫冻者假衣于春,暍⑨者反冬乎冷风。

"夫楚王之为人也,形尊而严,其于罪也,无赦,如虎。非夫佞人正德,其孰能挠焉⑩?

"故圣人,其穷也,使家人忘其贫;其达也,使王公忘爵禄而化卑;其于物也,与之为娱矣⑪;其于人也,乐物之道⑫,而保己焉。故或不言,而饮人以和;与人并立,而使人化,父子之宜;彼其⑬乎归居,而一闲其所施⑭,其于人

366

心者,若是其远也。故曰:待公阅休。"

【注释】① 名则阳,字彭阳也;一云,姓彭,名则阳,周初人也。一云,姓彭,名阳,字则阳,鲁人。 ② 夷节,楚人。 ③ 王果,楚贤人。 ④ 谭,说也。 ⑤ 公阅休,隐士也。 ⑥ 擿,刺也。 ⑦ 樊,边也。 ⑧ 颠冥,犹迷惑也。 ⑨ 喝,伤暑也。 ⑩ 唯正德以道服之,佞人以才辩夺之,故能泥挠之也。 ⑪ 矣,当为"娱"省。字亦通作"嬉"。 ⑫ 道,通也。 ⑬ 其,借为"期"。 ⑭ 一,犹常也。一闲其所施,犹言常闲其所行也。

【译文】则阳在楚国游历,楚大夫夷节告诉给了楚王,楚王没有接见则阳。夷节回去了。

则阳见到了楚国贤人王果,他对王果说:"先生何不向楚王谈谈我的事情呢?"

王果说:"我不如公阅休啊。"

则阳问:"公阅休是干什么的呢?"

王果说:"公阅休,冬天,他就到江里去捉鳖;夏天,他就到山林休息。有过访的人问他。他说:'这就是我的家园。'——那夷节已经不能这样做,何况是我呢?我又不如夷节。

"那夷节的为人,没有德操,但有智慧;不称扬自己,藉以神秘自己的交游,经常颠迷于富贵的地方;他不是用德操帮助别人,而是帮助别人消损自己的名望。〔这就如同〕受冻的人等到春天才借给他衣服,伤暑的人回到冬天才得到凉风。〔这对你有什么帮助呢?〕

"那楚王的为人,形貌尊严可怕,他对于罪犯,概不赦免,凶暴得像老虎一般。除非是口才便利或品德端正的人,谁能够说服他呢?

"所以,圣人,在穷困的时候,他能够使全家忘掉自己的贫苦;在显达的时候,他能够使王公忘掉自己的尊贵,而化为卑逊;

他对于万物,和它们一同娱乐;他对于群众,喜爱事物的顺通,而保重自己。所以,他不轻易说话,而是同群众和悦相处;他和群众依傍在一起,能使群众有所变化,就如同父子之间那样协调;他期求着居处田园,而经常行动悠闲。他对于人的心理,距离是这样遥远。所以说:〔你如果希望向楚王推荐,〕还得等待着公阅休。"

圣人达绸缪①,周尽一体矣,尚不知其所以然,性也。复命摇作②,而以天为师,人则从而命③之也。

忧乎知④,而所行恒无几,时其有止也。若之何?

生而美者,人与之鉴⑤;不告,则不知其美于人也。若知之,若不知之;若闻之,若不闻之;其可喜也,终无已;人之好之,亦无已;性也。

圣人之爱人也,人与之名;不告,则不知其爱人也。若知之,若不知之;若闻之,若不闻之;其爱人也,终无已;人之安之,亦无已;性也。

【注释】① 绸缪,深奥也。 ② 复命,静也;摇作,动也。 ③ 命,名也。 ④ 忧,当借为"优",实为"漫"。优,饶也;漫,泽多也。 ⑤ 鉴,察也。

【译文】圣人是明通天地蕴奥、遍知万物一体之理的了,可是他不知道其中的所以然。这是人的本性。他的静止和行动,总以上天为师法,人们就从而把他称作圣人。

知识丰富,可是在行动方面经常是寥寥无几,而且有时停滞不前。这样的人怎么样呢?

生来美丽的人,是别人给他的鉴定;别人不告诉他,他就不知道自己比别人美丽。好像知道,好像不知道;好像听到说,好像没听到说;他的讨人喜欢,就没有个休止;人们喜欢他,也就没有个休止。这是人的本性。

圣人的仁爱人民,是别人给他的名义;别人不告诉他,他就不知道自己仁爱人民。好像知道,好像不知道;好像听到说,好像没听到说;他的仁爱人民,就没有个休止;人们安于这种仁爱,也就没有个休止。这是人的本性。

旧国、旧都,望之畅然①;虽使丘陵、草木之缗入②之者十九,犹之畅然;况见见闻闻③者也?以十仞之台县众间者也④。

【注释】① 畅然,喜悦貌。 ② 缗,谓绵延或蔓延也。 ③ 见见闻闻,见所见,闻所闻。 ④ 县,古"悬"字。悬,犹停也。

【译文】旧国、旧都,人们望见它,感到心情舒畅;纵然它被草木蔓延进去了十分之九,还是感到心情舒畅;何况是见到所要见到的、听到所要听到的事物呢?那就如同把十来丈高的楼台停置在众人的面前一样,〔心情更加舒畅了。〕

冉相氏得其环中,以随成兴物①;无终无始,无幾无时②。日与物化者,一不化者也③。阖尝舍之④?

夫师天,而不得师天,与物皆殉;其以为事也,若之何?

夫圣人,未始有天,未始有人,未始有始,未始有物⑤;与世偕行,而不替⑥;所行之备⑦,而不洫⑧。其合之也,若之何?

【注释】① 冉相氏,当为寓名。冉,当借为"奄"。相,当借为"象",实为"像"。奄,大也。相,质也。冉相,犹《老子》所谓"大象无形"者也。环中之义,详见《齐物论》"枢得其环中,以应无穷"下。得,犹制御也。兴物,本作"与物",当涉下文两"与物"而误。兴物,犹生物也。 ② 无始,无过去;无终,无未来也。无幾无时,无见(现)在也。体化合变,与物俱往,故无三时也。 ③ 一,犹乃也。 ④ 阖,何也。 ⑤ 有,借为"囿"。谓局限之也。物,即"物故"之"物",正字当作"殁",音"没"。殁,终也。始、物,即始、终,相对为文。 ⑥ 替,偏废也。偏废,与"偕行"正相反。 ⑦ 之,犹者也。 ⑧ 汩,音"溢",滥也。

【译文】冉相氏控制着宇宙圆环的中心,来顺随万物,生成万物,无所谓终结,无所谓开始,无所谓日期,无所谓时节。天天随同万物变化的,乃是不曾变化的。可是何尝失掉过变化呢?

有的效法天道,而效法不了天道,和万物共同有所追求;如果用他来应付事物,怎么样呢?

那圣人,不曾局限于天道,不曾局限于人为,不曾局限于元始,不曾局限于终结,他和世界共同前进,并不有所废弛;他所施行的相当完备,并不有所泛滥。他的和合天道,怎么样呢?

　　汤得其司御①,门尹登恒②为之傅之③。从师而不囿,得其随成。为之师,其名;之名④,赢法⑤,得其两见。仲尼之尽虑,为之傅之。

【注释】① 其,犹以也。下同。司,主也。御,治也。得其司御,得以主治天下也。 ② 向秀,门尹,官名。登恒,人名。 ③ 之,犹焉也,语已词也。 ④ 之,犹致也。谓招来之也。 ⑤ 赢,借为"嬴"。益也。

【译文】殷汤得以主治天下,门尹登恒作为他的师傅。他从学于师傅,而不被师傅所局限,因而得以顺成事务。他作为天下君主,只是一个名义;他获取了〔为君〕的名义,促进了〔用贤〕的法度,获得了双重的业绩。孔子穷究思虑的言论,是可以作为君主的师傅的。

　　容成氏①曰:除日,无岁;无内,无外②。

【注释】① 容成氏,老子师也。与《胠箧》篇之容成氏为上古之君者,非一人。 ② 无内,无外,谓如无内心,即无外界;亦即无我之存在,即无物之存在之意也。

【译文】容成氏说:除去日子,就不可能积成年岁;没有内心(精神)的存在,就不可能有外界(物质)的存在。

　　魏莹与田侯约①,田侯牟②之。魏莹怒,将使人刺之。

　　犀首③闻而耻之,曰:"君为万乘之君也,而以匹夫从仇④。衍请受甲二十万,为君攻之,虏其人民,系其牛马,使其君内热发于背,然后拔其国,忌也⑤出走;然后抶⑥其背,折其脊。"

　　季子⑦闻而耻之,曰:"筑十仞之城,城者既七⑧仞矣,则又坏之,此胥靡⑨之所苦也。今兵不起七年矣,此王之基也。衍,乱人,不可听也。"

　　华子⑩闻而丑之,曰:"善言⑪伐齐者,乱人也;善言勿伐者,亦乱人也;谓伐之与不伐乱人也者,又乱人也。"

　　君曰:"然则若何?"

　　曰:"君求其道而已矣。"

　　惠子闻之,而见戴晋人⑫。

戴晋人曰:"有所谓蜗[13]者,君知之乎?"

曰:"然。"

"有国于蜗之左角者,曰触氏;有国于蜗之右角者,曰蛮氏;时相与争地而战,伏尸数万;逐北[14],旬有五日而后反。"

曰:"噫!其虚言与?"

曰:"臣请为君实之。君以[15]意,在四方上下有穷乎?"

君曰:"无穷。"

曰:"知游心于无穷,而反在通达之国[16],若存若亡乎?"

君曰:"然。"

曰:"通达之中有魏,于魏中有梁[17],于梁中有王。王与蛮氏,有辩乎?"

君曰:"无辩。"

客出,而君惝然[18]若有亡也。

客出,惠子见。

君曰:"客,大人也!圣人不足以当之!"

惠子曰:"夫吹管,犹有嗃[19]也;吹剑首者,吷而已矣[20]。尧、舜,人之所誉也;道尧、舜于戴晋人之前,譬犹一吷也!"

【注释】① 魏莹,魏惠王也。田侯,齐威王也,桓公子。约,盟也。誓约在惠王二十六年。　②"牟"下本有"背"字。"背"字系误衍。今据删。牟,当借为"婺"。婺,不繇也。不繇,不从也,即背也。　③ 犀首,卫官名,若今虎牙将军。公孙衍为此官。 ④ 从仇,犹报仇也。 ⑤ 田忌,齐将也。
⑥ 抶,笞击也。 ⑦ 季子,魏臣。 ⑧ "七",本作"十",误。 ⑨ 胥靡,徒
役人也。 ⑩ 华子,亦魏臣也。 ⑪ 善,巧。 ⑫ 惠子,惠施也。戴晋人,
梁国贤人。惠施荐之于王。见,谓为之介也。 ⑬ 蜗虫,有两角,俗谓之蜗
牛。 ⑭ 军走曰北。 ⑮ 以,犹之也。 ⑯ 人迹所及为通达,谓今四海之
内也。 ⑰ 昔在河东,号为魏;魏为强秦所逼,徙都于梁。 ⑱ 悄然,怅恨
貌也。 ⑲ 嗃,管声也。 ⑳ 剑首,谓剑环头小孔也。唉然,如风过。

【译文】魏惠王和齐威王订立过盟约,齐威王背弃了盟约。
魏惠王恼怒了,将要派人去刺杀齐威王。

将军公孙衍听说这件事情,感到可耻,就对魏惠王说:"君王
是一个大国之君,可是派一个平民去报仇。我愿意受领大军二
十万,为君王去讨伐齐国,俘虏它的人民,牵走它的牛马,使它国
王的内热从背部发泄出来,然后倾覆了他的国家,将大将田忌赶
走;然后再打伤他的背部,折断他的脊骨。"

魏臣季子听到公孙衍这番话,感到可耻,就对魏惠王说:"譬
如筑十丈高的城墙,已经筑好了七丈,可是又把它毁坏,这是劳
役们最痛苦的事情。现在已经有七年不打仗了,这是我们国家
兴旺的基础。公孙衍是个昏乱的人,他的话是听不得的。"

贤士华子听到公孙衍和季子这番话,感到都浅薄,就对魏惠
王说:"花言巧语地说讨伐齐国的,是昏乱的人;花言巧语地说不
要讨伐齐国的,也是昏乱的人;花言巧语地说讨伐和不讨伐都是
昏乱的人,也是昏乱的人。"

魏惠王说:"那么,怎么办呢?"

华子说:"君王只要追求'道'就行了。"

惠施听说这件事,〔恐怕魏惠王不能领悟,〕就在魏惠王面前
推荐了戴晋人。

戴晋人对魏惠王说:"有一种叫作蜗牛的东西,君王知道吗?"

魏惠王说:"知道。"

戴晋人说:"有在蜗牛的左触角上建立国家的,名字叫作触氏;有在蜗牛的右触角上建立国家的,名字叫作蛮氏;两国经常因为争夺土地而掀起战争,死在战场的尸首就有几万具;他们追赶败兵,十五天才能够返回来。"

魏惠王说:"哈!这大概是谎话吧?"

戴晋人说:"我愿意为君王证实这件事情。依君王的意思说,在天地四方上下之中,有没有穷尽呢?"

魏惠王说:"没有穷尽。"

戴晋人说:"如果把心神遨游在无穷无尽的境域之中,再返还到四通八达的各国之间,就感到似有似无的一样,君王知道这个道理吗?"

魏惠王说:"知道。"

戴晋人说:"四通八达的各国之间有个魏国,魏国之中又有个梁邑,梁邑之中有个君王。这个君王和蛮氏相比,有没有分别呢?"

魏惠王说:"没有分别。"

戴晋人走后,魏王就不知所措地如同丢了什么东西似的。

戴晋人走后,惠施就进见魏惠王。

魏惠王对惠施说:"方才那位客人,他是个伟大的人啊!圣人是不可能赶得上他的!"

惠施说:"那吹竹管儿的,还有个呜呜的声音;那吹剑环儿的,只是小风掠过就完了。帝尧和大舜,是人们所称道的;如果把帝尧和大舜的事迹在戴晋人的面前去谈,就如同小风掠过一样啊!"

孔子之楚,舍于蚁丘之浆①。其邻有夫妻臣妾登极②者。子路曰:"是稷稷③何为者邪?"

仲尼曰:"是圣人仆④也。是自埋于民,自藏于畔⑤,其声销,其志无穷;其口虽言,其心未尝言;方且与世违,而心不屑与之俱:是陆沈者⑥也。是其市南宜僚邪?"

子路请往召之。

孔子曰:"已矣。彼知丘之著⑦于己也,知丘之适楚也,以丘为必使楚王之召己也;彼且以丘为佞人也。夫若然者,其于佞人也,羞闻其言,而况亲见其身乎?而何以为存⑧?"

子路往视之,其室虚矣。

【注释】① 蚁丘,丘名。浆,卖浆家。 ② 极,谓丘之高处。登极,所以逃孔子之访问也。 ③ 稷稷,聚貌。 ④ 仆,犹徒也。 ⑤ 修田农之业,是隐藏于陇畔。 ⑥ 陆沈,当显而反隐,如无水而沈也。 ⑦ 著,明也。 ⑧ 而,汝也。存,劳问也,省视也。

【译文】孔子在往楚国去的路上,住在蚁丘一个卖浆人的家里。这家的邻居有夫妻二人和仆人一同登上蚁丘之顶的。子路问:"这一群人是干什么的呢?"

孔子说:"这是圣人一流的人物。这个人自己埋没在人民当中,自己隐藏在田地一边;他的声名是销散的,他的心志是漫无边际的;他的嘴虽说话,可是他的内心并不曾说话;他正在和世俗相违反,而且他的内心不屑于和世俗在一起:他是埋没在世界之上的人啊。这大概就是市南宜僚吧?"

子路请求把他请过来。

孔子说:"算了吧。他知道我了解他,他知道我往楚国去,以为我必定要使楚王召唤他;他并且以为我是个花言巧语的人。像这样的人,他对于花言巧语的人,听到他们的话就觉得可耻,何况是亲眼见到他们的人呢? 你为什么要探望他去呢?"

子路去看他,他的屋内已经空荡荡了。

长梧封人问①子牢②曰:"君为政,焉勿卤莽;治民,焉勿灭裂③。昔予为禾④,耕而卤莽之,则其实亦卤莽而报予;芸而灭裂之,其实亦灭裂而报予。予来年⑤变齐⑥,深其耕而熟耰⑦之,其禾繁以滋,予终年厌⑧飧。"

庄子闻之,曰:"今人之治其形,理其心,多有似封人之所谓。遁其天,离其性,灭其情,亡其神,以众为⑨。故卤莽其性者,欲恶之孽⑩,为性萑苇:蒹葭⑪始萌,以扶⑫吾形,寻⑬擢吾性:并溃、漏发,不择所出⑭,漂疽⑮、疥痈、内热、溲膏是也⑯。"

【注释】① 长梧,地名。封人,守封疆之人。问,告也。　② 子牢,即琴牢,孔子弟子。　③ 焉,犹则也。卤莽,不用心也。灭裂,轻薄也。④ 为禾,犹种禾也。　⑤ 来年,犹言次年。　⑥ 多少合乎法度,曰齐。此言变齐,犹言变方法耳。　⑦ 耰,锄也。　⑧ 厌,足。　⑨ 众,多也。众为,多为也。　⑩ 孽,芽孽。　⑪ 萑,苇类;苇,芦也。蒹,萑之未秀者。葭,苇之未秀者。　⑫ 扶,傅也,傅近之也。　⑬ 寻之言寝寻也。遂往之意也　⑭ 并溃、漏发,谓精气散泄,上溃下漏,不择所出也。　⑮ 漂,本作"瘭"。瘭疽,谓病疮脓出也。　⑯ 溲膏,谓虚劳人尿中生肥白沫也。

【译文】长梧封人对琴牢说："国君施行政令,就不要卤莽;治理人民,就不要轻率。从前,我种庄稼,在耕地时卤莽了它,于是它在收获时也用卤莽来报复我;在锄苗中轻率了它,它在收成时就用轻率来报复我。第二年,我改变了方法,深深地耕地,仔细地锄草,那庄稼长得又繁茂,又滋润。我一年足足够吃的。"

庄子听到他这话,就说:"现在的人,修治自己的身体,修理自己的心志,大多数都和封人所说的相类似。逃脱了自己的天然,离失了自己的本性,毁灭了自己的真实,丧亡了自己的精神,来为所欲为。所以,卤莽了自己本性的人,他的欲望和憎恶的萌芽,就成为伤害本性的荻苇;荻苇在开始萌芽的时候,本来是附在自己的形体上,可是慢慢地就超出自己的本性,弄得浑身疮疥溃烂,脓血乱流,内心发烧,便尿白浊。"

柏矩①学于老聃。曰:"请之天下游。"

老聃曰:"已矣,天下犹是也。"

又请之。

老聃曰:"汝将何始?"

曰:"始于齐。"

至齐,见辜人②焉,推而强③之,解朝服而幕之,号天而哭之。曰:"子乎! 子乎④! 天下有大菑⑤,子独先离⑥之! 莫为盗? 莫为杀人⑦? 荣辱立,然后睹所病;货财聚,然后睹所争。今立人之所病,聚人之所争,穷困人之身,使无休时;欲无此,得乎? 古之君人者,以得为在民,以失为在己;以正为在民,以枉为在己⑧。故一形有失其形者,退而自责。今则不然。匿为物,而愚不识;大为难,而罪不敢;重为任⑨,而罚不胜;远其涂,而诛不至。民知力竭,则以伪继之。日出多伪,士民安取不伪? 夫力不足,则伪;知不足,则欺;财不足,则盗。盗窃之行,于谁责而可乎?"

【注释】① 柏矩,有道之士。 ② 辜,谓辜磔也。 ③ 强,字亦作"彊",借为"僵"。僵,偃也。 ④ 子乎、子乎,乃叹辞也。 ⑤ 菑,祸也。 ⑥ 离,罹也。 ⑦ "莫"上本有"曰"字。疑羡文,今删。莫,有"莫非"之意。 ⑧ 为,犹置也。 ⑨ 为,义同"其"。

【译文】柏矩在老聃门下学习。他对老聃说:"我希望到天下周游一遍。"

老聃说:"算了吧,天下和这里是一样的。"

柏矩又向老聃请求。

老聃说:"你将要从哪里开始呢?"

柏矩说:"从齐国开始。"

柏矩到了齐国,在路上见到了一具示众的死尸,他就把他推动躺卧好了,脱下朝服来给他盖上,就呼天叫地地大哭起来。说:"哎呀! 哎呀! 天下有大的灾祸,你独独地先遭受到了啊! 莫非你作了强盗? 莫非你杀了人? 光荣和耻辱的概念建立起来,然后才看出人民所厌恶的是什么;财产集聚起来,然后才看出人民所争夺的是什么。现在,建立起人民所厌恶的,集聚起人民所争夺的,来穷困人民的形体,使他们没有休止的时刻;要想不这样,哪能做得到呢? 古代作为人民君主的,把获得放在人民方面,把亏损放在自己方面;把正直放在人民方面,把曲枉放在自己方面。所以,有一个人做错了事情的,就反回来责备自己。

现在,不是这样了。隐秘人民的事物,而愚弄他们所不认识的;扩大人民的艰难,而罪怪他们所不敢做的;加重人民的负担,而处罚他们所不能胜任的;放远人民的路程,而杀戮他们所不能达到的。人民的智慧和精力都用尽了,就接着用伪诈来避免责罚。天天发出许多伪诈的政令,士民们哪能不跟着伪诈呢? 精力不足了,就要发生伪诈;智慧不足了,就要发生欺骗;财产不足了,就要发生盗窃。这种盗窃的行为,应当责备谁才对呢?"

　　蘧伯玉①行年六十,而六十化:未尝不始于是之,而卒诎②之以非也;未知今之所谓是之非五十九非也。

　　【注释】① 蘧伯玉,姓蘧,名瑗,字伯玉,卫之贤大夫也。　② 诎,通"黜"。黜,贬下也。

　　【译文】蘧伯玉年纪到了六十岁,就变作六十岁的样子;未尝不是从前认为是的,后来就贬退为非的;也不知道现在所谓是的,是不是就是五十九岁时候所谓非的。

　　万物有乎生,而莫见其根;有乎出,而莫见其门①。

　　人皆尊其知之所知,而莫知恃其所不知而后知;可不谓大疑②乎? 已乎! 已乎! 且③无所逃此则④所谓"然与⑤然"乎!

　　【注释】① 出、生,对文,义同。　② 疑,惑也。　③ 且,犹殆也。④ 此,谓此时。　⑤ 与,可训为"于"。然与然,即《齐物论》之"然于然"。

　　【译文】万物由于生长而成为"有",可是看不见它们的本根;万物由于出现而成为"有",可是看不见它们的门户。

　　人们都尊重自己的明智所知道的事物,而不知道依靠自己所不知道的事物然后才会知道；这能说不是一种大的迷惑吗？算了吧！算了吧！大概他们是不能逃出现在所谓"如此就是如此"的范围啊！

仲尼问于太史大弢、伯常骞、狶韦①曰："夫卫灵公饮酒湛乐②，不听国家之政；田猎毕弋③，不应诸侯之际④；其所以为'灵公'者，何邪？"

大弢曰："是因是也⑤。"

伯常骞曰："夫灵公有妻三人，同滥⑥而浴；史鰌奉御而进所⑦，搏币而扶翼⑧。——其慢⑨若彼之甚也，见贤若此其肃也。是其所以为'灵公'也。"

狶韦曰："夫灵公也死，卜葬于故墓，不吉；卜葬于沙丘⑩，而吉。掘之数仞，得石椁焉；洗而视之，有铭焉，曰：'不冯其子，灵公夺而埋之⑪。'夫灵公之为'灵'也久矣。之二人何足以识之？"

【注释】① 太史，官号也。下三人，皆史官之姓名也。　② 湛，乐之甚也。　③ 毕，大网也。弋，绳系箭而射也。　④ 诸侯之际，会盟之事。⑤ 灵，即是无道之谥也。　⑥ 男女同浴，此无礼也。滥，浴器也。　⑦ 进所，进公之所。　⑧ 币，借为"敝"。敝，帗也。帗，一幅巾也。翼，扶也。⑨ 慢，易，不敬也。　⑩ 沙丘，地名。在盟津河北。　⑪ "夺而埋之"，本作"夺而里"。

【译文】孔子请问大弢、伯常骞、狶韦三位太史说："那卫灵公好喝醉酒、淫乐无度，不理国家大事；行围采猎，捕捉鸟兽，不应付诸侯之间的盟会；他被谥为'灵公'的原因，是什么呢？"

大弢说："他这个谥号就是因为他这种行为啊。"

伯常骞说:"灵公有三个正妻,他和她们在一个盆里洗澡,史鳅奉灵公之命而进入公所,灵公便抓着他的佩巾扶着他。——他的轻慢好像那样的过分,他见到贤人又像这样的敬肃。这便是他所以被谥为'灵公'的原因。"

猪韦说:"当灵公死的时候,打算葬埋在祖茔,占卜不吉利;又打算葬埋在沙丘,占卜吉利。在这里掘了几丈深,发现了一口石椁;刷洗干净了一看,上面刻着铭文,说是:'不要以他的子孙为凭,灵公可以夺过来在这里葬埋。'可见灵公之所以谥号为'灵',早已预定了。他们两人怎么能够知道呢?"

少知问于大公调①曰:"何谓丘里②之言?"

大公调曰:"丘里者,合十姓百名而以为风俗者也③。合异以为同,散同以为异。今④指马之百体,而不得马;而马系于前者,立其百体,而谓之马也。是故,丘山积卑而为高,江河合小⑤以为大,大人并私⑥而为公。是以自外入者,有主而不执;由中出者,有正而不距⑦。四时殊气,天不赐⑧,故岁成;五官⑨殊职,君不私,故国治;文武殊材⑩,大人不赐,故德备;万物殊理,道不私,故无名。无名,故无为;无为,而无不为。时有终始,世有变化。祸福淳淳⑪,至有所拂⑫者,而有所宜。自殉殊面⑬,有所正者,有所差。比⑭于大泽,百材皆度⑮;观于大山,木石同坛⑯。此之谓丘里之言。"

少知曰:"然则,谓之道,足乎?"

大公调曰:"不然。今计物之数,不止于'万',而期⑰

曰'万物'者,以数之多者号为读之⑱也。是故天地者,形之大者也;阴阳者,气之大者也;道者为之公⑲。因其大以号而读之,则可也。已有之矣,乃将⑳得比哉? 则若以斯辩,譬犹狗马,其不及远矣。"

少知曰:"四方之内,六合之里,万物之所生,恶起?"

大公调曰:"阴阳,相照㉑,相盖㉒,相治;四时,相代,相生,相杀。欲恶、去就,于是桥起㉓;雌雄片合㉔,于是庸㉕有。安危相易,祸福相生,缓急相争,聚散相成㉖。此名实之可纪,精微之可志也。随序之相理,桥运之相使㉗;穷则反,终则始。此物之所有,言之所尽,知之所至,极物而已。睹道之人,不随其所废,不原其所起。此议之所止。"

少知曰:"季真之'莫为',接子㉘之'或使'㉙,二家之议,孰正得其情? 孰偏于其理?"

大公调曰:"鸡鸣、狗吠,是人之所知,虽有大知,不能以言其所自化,又不能以意其所将为㉚。斯㉛而析之,精至于无伦,大至于不可围㉜。或之使,莫之㉝为,未免于物,而终以为过。或使,则实;莫为,则虚。有名、有实,是㉞物之居;无名、无实,在㉟物之虚。可言,可意,言而愈疏。未生,不可忌;已死,不可徂㊱;死生,非远也,理不可睹。或之使,莫之为,疑之所假㊲。吾观之㊳本,其往无穷;吾求之末,其来无止。无穷、无止,言之无也,与物同理;或使,莫为,言之本也,与物终止。道不可有,有不可无。道之为名,所假而行。或使,莫为,在物一曲。夫胡为于大方㊴？言而足，则终日言而尽道；言而不足，则终日言而尽物。道、物之极，言、默不足以载；非言、非默，议其有极。"

【注释】① 大，音"太"。太，大也。公，正也。道德广大，公正无私，复能调顺群物，故谓之大公调。假设二人，以论道理。　② 四井为邑，四邑为丘；五家为邻，五邻为里。古者，邻、里、井、邑，土风不同；犹今乡曲，各有方俗，而物不齐同。　③ 采其十姓，取其万名，合而论之，以为风俗也。　④ 今，犹若也。　⑤ 小，本作"水"。水，乃"小"字之误。卑、高，小、大，相对为文。　⑥ 并私，本作"合并"。"并私"与"合小"对文。　⑦ 有，虽也。主，正也。距，闭也。　⑧ 赐，借为"私"。　⑨ 五官，总举众职以配五行，无所不包，若今言百官也。　⑩ "文武"下本无"殊材"二字。今据文义补"殊材"二字，与上下文一律。　⑪ 淳淳，流行反覆。　⑫ 拂，戾也。⑬ 面，向也。殉，逐也。夫彼此是非，纷然固执，故各逐所见，而所向不同也。　⑭ 比，借为"眈"。眈，直视也。　⑮ 度，居也。皆，同也。　⑯ 坛，借为"埠"。埠，野土也。　⑰ 期，限也。　⑱ 读，犹语之也。　⑲ 公，君也。者，犹则也。　⑳ 乃，犹宁也。将，犹犹也，尚也。　㉑ 照，当借为"召"。召，评也。　㉒ 盖，合也。　㉓ 桥，疑借为"交"。下"桥运"之"矫"，同。　㉔ 片，借为"判"。判，分也。片合，即分合。　㉕ 庸，常也。㉖ "相成"，本作"以成"。　㉗ 随序，谓变化相随，有次序也。桥运，谓相桥代。顿至次序以相通理，桥运以相制使也。　㉘ 季真、接子，二贤人。季真之名，别无所见，疑即环渊。　㉙ "莫为"与"或使"，乃有关天道观之学说。莫为者，谓宇宙之进演，无推动之者也；或使者，谓宇宙之进演，有推动之者也。　㉚ "不能以言其所自化"句，"言"下本有"读"字，与下句"又不能以意其所将为"不相对，今以意删。　㉛ 斯，分也。　㉜ 伦，犹比也。　㉝ 之，犹所也。　㉞ 是，当借为"题"。题，显也。　㉟ 在，察也。㊱ 忌，禁也。徂，借为"阻"。阻，碍也。　㊲ 假，大也。㊳ 之，其也。下三"之"字，义同。　㊴ 方，道也。

【译文】少知问大公调说:"什么叫作乡曲之言呢?"

大公调说:"所谓乡曲,就是综合起十来个族姓或百把个人员来建立一种风俗的一个范围。综合起不同,就成为相同;分散开相同,就成为不同。譬如,仅仅指出马的周身各部,就得不出一匹马的物象来;可是把马拴在人们的面前,把它的周身各部都放置在那里,就可以把它叫作马。所以,丘山积聚起低来,就成为高;江河合拢起小来,就成为大;大人归并起私来,就成为公。因此,从外界进入内心的事理,虽然是正确的,也不应该固执不化;从内心发出来的教令,虽然是正确的,也不应该固闭不通。四时的节气不同,天并不偏私某一种物类,所以年景得以完成;百官的职位不同,君主并不偏私某一个人民,所以国家得以平治;文武的才能不同,大人并不偏私某一个人民,所以德泽得以周备;万物的理性不同,'道'不偏私某一种物类,所以它没有一定的名字。没有名字,所以没有什么作为;没有什么作为,可是又没有一桩事物不是它的作为。四时是始终循环的,世界是变化无穷的。祸福是反复流行的,甚至是对这个有所乖违,而对那个却有所适宜。人人各自追逐不同的方向,在这里可能是正确的,而在那里却是不正确的。到大泽里看看,各种物材都是在一起同居的;到大山里看看,各种木石都是在一起排列的。这就叫作乡曲之言。"

少知又问:"那么,把它叫作'道',行不行呢?"

大公调说:"不行。现在,计算计算天地间物类的数目,并不限于'万',其所以只限于把它们叫作'万物'的原因,是用数目最多的名号来称呼它们。所以,天地,是形体中最大的;阴阳,是'气'中最大的;'道'就作为它们的主宰。因为它最大,就用'道'

这个名号来称呼它,这是可以的。已经有了'道'这个名号了,哪能还有可以和它相比的呢? 那么,如果用这个和你所说的来分辨一下,就如同狗和马相比一样,就相差太远了。"

少知又问:"四方之内,六合之中,万物生成的原因,是怎样开始的呢?"

大公调说:"阴阳之气,互相感召,互相和合,互相统御;四时之节,互相交替,互相生成,互相克制。人的爱好和憎恶、离去和趋就的行动,于是就交相兴起了;物类雌雄离合的现象,于是就永远存在了。安危是互相转化的,祸福是互相转生的,缓急是互相辅助的,聚散是互相成全的。由此可见名号和实际是可以记述的,精细和微妙是可以标识的。顺随时序是互为条理的,交替运行是互相驱使的;物极必反,终则有始。这些万物所具有的现象,语言所穷究的事物,智慧所达到的道理,都只不过是用来究极事物之理罢了。见到'道'的人,不追求万物废止的所以然,不推原万物发生的所以然。这便是言论的归宿。"

少知又问:"季真的'莫为'(宇宙没有推动者)说,接子的'或使'(宇宙有主使者)说,这两家学说,谁是真正地得到了天地间的情实呢? 谁是曲解了天地间的道理呢?"

大公调说:"鸡叫、狗叫,这是人们所都知道的现象,可是纵然具有大智慧的人,也不能说出它们自我变化的原因,也不能测度它们将要干什么。把它们剖开分析一下,精微到没有形象,广大到没有范围。说宇宙有主使者,说宇宙没有推动者,都未免陷于物质化,而且终究是有偏差的。说有主使者,就陷于实际;说没有推动者,就陷于虚无。有名号,有实际,用这个来显示万物的存在;没有名号,没有实际,用这个来明察万物的虚无。可以谈说,可以测度,越谈说就距离实际越远。没有生出,不可以禁止它;已经死去,不可以阻拦它。或是死去,或是生出,它和人的距离并不遥远,它的道理却是不可能看见的。说有主使者,说没有推动者,都足以扩大人们的疑惑。我们观察它的本元,它的过去是没有穷尽的;我们追求它的末尾,它的末尾是没有止境的。没有穷尽,没有止境,这是说的它的虚无,和万物共同一理;说有主使者,说没有推动者,这是说的它的本元,和万物共同始终。'道'不可能是'有'的,'有'不可能是'无'的。'道'这个名号,是有所凭藉才能够运行的。说有主使者,说没有推动者,都是站在万物的一个方面来推测出来的。它对于广大无边的道术能起什么作用呢?谈说得完满,一天所说的就能够穷尽了'道'的微妙;谈说得不完满,一天所说的只能穷尽事物的形貌。'道'和万物的至理,谈说和静默是不足以表达出来的;既不谈说,又不静默,这样的学说是有一定造诣的。"

四、外　　物（十七章）

外物不可必。故龙逢诛，比干戮，箕子狂，恶来死，桀、纣亡①。

人主莫不欲其臣之忠，而忠未必信。故伍员流于江②；苌弘死于蜀，藏其血，三年而化为碧③。

人亲莫不欲其子之孝，而孝未必爱。故孝己忧，而曾参悲④。

【注释】① 箕子，殷纣之庶叔也；忠谏不从，惧纣之害，所以佯狂，亦终不免杀戮。恶来，纣之佞臣；毕志从纣，所以俱亡。　② 伍员忠谏夫差，夫差杀之，取马皮作袋，为鸱鸟之形，盛伍员尸，浮之于江。　③ 碧，玉也。苌弘遭谮，被放归蜀，自恨忠而遭谮，遂刳肠而死。蜀人感之，以匮盛其血，三年，而化为碧玉。　④ 孝己，殷高宗之太子。曾参至孝，为父所憎，尝见绝粮，而后苏。

【译文】外物是不可以看作必然的。所以，龙逢和比干那样的忠臣，也被杀戮了；箕子那样的忠臣，也被逼疯了；恶来那样的佞臣，也一样地死去了；夏桀、商纣那样的昏君也灭亡了。

君主没有不愿意自己的臣仆忠心的，可是忠臣也未必受到君主的信任。所以，伍员的尸体被漂流在大江里；苌弘死在蜀国，把他的血藏起来，三年之后，变成了碧玉。

父母没有不愿意自己的儿子孝顺的,可是孝子也未必博得父母的喜爱。所以,孝己为此而感到忧苦,曾参为此而感到悲伤。

金与木相摩,则然①;金与火相守,则流。阴阳错行,则天地大绞②,于是乎有雷有霆,水中有火,乃焚大槐③。

有甚忧两陷,而无所逃④,蹇蹲不得成⑤,心若县于天地之间。慰暋沈屯⑥,则利害相摩,生火甚多⑦。众人焚和⑧。肉⑨固不胜火,于是乎有僙然⑩而道尽。

【注释】①"金与木",本作"木与木"。摩,研也。两木相摩,无燃烧之理,当作"金与木相摩,则然",所谓钻木取火也。 ②绞,同"骇",动也。③水中有火,谓电也。水中,犹雨中也。焚,谓霹雳时烧大树也。④甚,尤安乐也。或为"媅"省。媅,乐也。 ⑤蹇,当借为"震",蹲,当借为"惷",叠韵连绵词。震,惧也。惷,乱也。郑玄:成,犹定也。 ⑥慰:郁也。暋,闷也。沈,深也。屯,难也。 ⑦生火甚多,内热故也。⑧众人而遗利,则和;若利害存怀,则其和焚也。 ⑨肉,本作"月",义不可通,显系误字,今以意改。肉,身也。 ⑩僙,音"颓"。

【译文】金属同木材相摩擦,就要燃烧;金属和火在一起,就要熔化。阴阳之气交错运行,天地就要有大的震动,于是发出雷电,雨中起火,就焚烧大树。

有的人陷溺在安乐和忧愁当中,总是逃脱不开,惊惊惶惶地得不到安定,心好像悬挂天地之间一样。精神郁闷,行动迟滞,利害在内心交相摩擦,就生出很多火气。人与人之间,焚毁了淳和之气。人的肉体当然禁不住火的燃烧,于是就有人颓唐得把道德丧失净尽。

庄周家贫,故往贷粟于监河侯①。监河侯曰:"诺。我将得邑金,将贷子三百金②,可乎?"

庄周忿然作色,曰:"周昨来,有中道而呼者。周顾视,车辙中有鲋鱼③焉。周问之曰:'鲋鱼,来!子何为者邪?'对曰:'我,东海之波臣④也。君岂有⑤斗升之水而活我哉?'周曰:'诺。我且南游吴、越之土⑥,激西江之水,而迎子,可乎?'鲋鱼忿然作色,曰:'吾失我常与,我无所处。吾得斗升之水然⑦活耳。君乃言此,曾⑧不如早索我于枯鱼之肆!'"

【注释】① 监河侯,《说苑》作"魏文侯"。 ② 铜、铁之类,皆名为金,此非黄金也。待我岁终得百姓租赋封邑之物,乃贷子。古者二十两为一金。 ③ 鲋,鲭也。鲭,今之"鲫"字。 ④ 波臣,谓波荡之臣。 ⑤ 岂,犹其也。 ⑥ "土",本作"王"。"土"字是。今据改。 ⑦ 然,犹则也。 ⑧ 曾,则也。

【译文】庄周家境贫寒,所以就到监河侯那里去借粮,监河侯说:"好吧。等到年终我收到赋税以后,我就借给您三百金。可以吗?"

庄周愤怒得变了面色,说:"我昨天来的时候,有在半路上叫喊的。我四下张望,车辙里有一条鲫鱼。我就问它:'鲫鱼,来!你为什么叫喊呢?'鲫鱼对我说:'我是东海神的使者。您肯以升斗之水把我救活吗?'我说:'好吧。我将要到南方吴、越两国去游历,我要激起西江之水来迎接您,可以吗?'鲫鱼愤怒得变了面色,说:'我失掉了我经常接近的东西,我没有个安身之处,我得到升斗之水就可以活命。您却说出这样的话来,就不如及早到干鱼铺子里去找我!'"

任公子①为巨钩，大纶②，五十犗③以为饵，蹲乎会稽④，投竿东海，旦旦而钓，期⑤年不得鱼。

已而，大鱼食之，牵巨钩，錎⑥没而下；惊⑦扬而奋鬐⑧，白波若山；海水震荡，声侔鬼神，惮赫千里⑨。

任公子得若鱼⑩，离而腊之⑪。自制河⑫以东，苍梧⑬以北，莫不厌⑭若鱼者已。而后世轻才⑮讽说之徒，皆惊而相告也。

夫揭竿累⑯，趋灌渎⑰，守鲵鲋⑱，其⑲于得大鱼，难矣。饰小说⑳以干县令㉑，其于大达，亦远矣。是以未尝闻任氏之风俗，其不可与经于世，亦远矣㉒。

【注释】① 任，国名。　② "巨钩大纶"，本作"大钩巨缁"。"缁"为"纶"之误字。纶，借为"缗"。缗，钓鱼缴也。　③ 犗，公牛。　④ 会稽，山名。蹲，踞也；踞，坐也。踞其山。　⑤ 期，本亦作"朞"。　⑥ 錎，音"陷"。⑦ "惊"，本作"骛"。　⑧ 鬐，背上鬣也。　⑨ 惮赫千里，言千里皆惧。⑩ 若鱼，犹言此鱼。　⑪ 腊，音"昔"。昔，干肉也。　⑫ 制，依字应作"浙"。河，亦江也。北人名水皆曰河。浙江，在今会稽钱塘。　⑬ 苍梧，山名，在岭南，舜葬之所。　⑭ 厌，饱食。　⑮ 轻，借为"铨"。铨，衡也。⑯ 累，细绳也。　⑰ 灌渎，灌溉之渎。趣，本又作"趋"。　⑱ 鲵、鲋，皆小鱼也。　⑲ 其，为"期"省。下文"其于大达"之"其"，同。　⑳ 小说，谓乡曲之论。　㉑ 干，求也。县，读为"郡县"之"县"。是战国时县小于郡，县长称令矣。　㉒ 俗，习也。风俗，风习也，犹言风度也。远，犹多也。

【译文】任公子做成了巨大的钓钩和钓丝，用五十头牛作为鱼饵，坐在会稽山上，把钓竿放在东海里面；天天在钓鱼，整整一年也没有钓到鱼。

后来，有条大鱼来吃他的鱼饵，牵动了巨大的钓钩，把钓钩都陷没下去了;这条大鱼受到了惊骇,向上飞腾,张开背鳍,翻起的白浪,就像山一样高;海水震荡,声音如同鬼叫神嚎,一千里之内都受到震动。

任公子捉到这条大鱼,把它解剖开,晒成了肉干。从浙江以东,到苍梧山以北,人们没有不饱尝这条鱼的。而且,后世衡量人材、道听途说的人,都惊讶地互相说起这个故事。

那一般举着竿子绳子,跑向小河沟,守着一些小鱼而垂钓的人,要想钓到大鱼,就困难了。那文饰鄙俚的言词而干求县令的人,要想飞黄腾达,也就距离事实遥远了。所以,不曾听到过任公子的这种风度,不可以和他一同经历世面的人,也就相当多了。

儒以《诗》、《礼》发冢①。

大儒胪传②曰:“东方作矣,事之何若③?”

小儒曰:“未解裙襦,口中有珠④。”

“《诗》固有之:‘青青之麦,生于陵陂;生不布施,死何含珠为⑤?’接⑥其鬓,压其顪⑦,而⑧以金椎控⑨其颐,徐别其颊,无伤口中珠!”

【注释】①冢,高坟也。通作“塚”。 ②从上语下曰胪。 ③东方作,谓日出也。作,起也。之,犹已也。 ④襦,短衣也;一曰,氄衣。氄衣,内衣也。 ⑤此逸诗也,刺死人也。 ⑥接,撮也。 ⑦压,本亦作“厣”。厣,按也。顪,疑借为“喙”。喙,口也。 ⑧“而”,本作“儒”。“而”、“儒”声相近,上文又多“儒”字,故“而”误为“儒”。 ⑨控,叩也。

【译文】儒士依据《诗经》、《礼经》去发掘坟墓。

大儒士从上面传下话来:“东方的太阳升起来了,〔发掘的〕

事已经怎么样了？"

　　小儒士说："还没有解下死者的衣裙，他嘴里还含着一颗宝珠呢。"

　　〔大儒士〕说："古诗本来有这样的话：'青青的麦苗，生长在山坡上；活着不肯周济穷人，死后为什么还在嘴里含着宝珠呢？'你们要撮起他的鬓发，按着他的口腔，要用金属的槌头撬开他的下巴，慢慢地分开他的两腮，不要损坏了嘴里的宝珠！"

　　老莱子①之弟子出薪②，遇仲尼。反，以告，曰："有人于彼，修上而趋下③，末偻而后耳④，视若营四海。不知其谁氏之子。"

　　老莱子曰："是丘也。召而⑤来！"

　　仲尼至。

　　曰："丘！去汝躬矜与汝容知，斯为君子矣。"

　　仲尼揖而退⑥，蹙然改容，而问曰："业可得进乎？"

　　老莱子曰："夫不忍一世之伤，而骜⑦万世之患，抑固窭⑧邪？亡其⑨略弗及邪？惠⑩以欢为骜⑪，终身之丑；中民之行进焉⑫耳。相引以名，相结以隐⑬，与其誉尧而非桀，不如两忘，而闭其所誉。反，无非伤也；动，无非邪也。圣人踌躇⑭以兴事，以⑮每成功。奈何哉其载焉终矜尔⑯？"

　　【注释】① 老莱子，楚人也。　② 出薪，出采薪也。　③ 修上而趋下，长上而促下也。趋下，下短也。　④ 末，肩背也。末偻，肩背伛偻也。后耳，耳却后。　⑤ 而，犹之也。　⑥ 手著胸曰揖。古之揖，今拱手也。今之揖，古之所谓长揖也。　⑦ "骜"，本作"骜"。"骜"，借为"务"。务，趣也。　⑧窭，贫空也。　⑨亡，读如"无"。亡其，选择之词也。　⑩惠，发声也。与"维"同　⑪"骛"，本亦作"骛"。"骛"，借为"务"。欢，谓欲望也。　⑫进，借为"尽"。焉，犹于是也。进焉，犹言进于是(此)也。中民，解见《徐无鬼》篇。　⑬隐，私也。相结以隐，谓相结以恩私也。　⑭蹰躇，从容也。　⑮以，犹而也。　⑯其，犹乃也。载，安也。尔，犹乎也。奈何哉其载焉终矜尔，犹言奈何哉乃安此以骄矜终身乎。

【译文】老莱子的学生出门打柴，在路上遇见了孔子。回来之后，把这件事情告诉了老莱子，说："在那里有一个人，上身长，下身短，肩背伛偻，两耳靠后；看来好像是个经营天下的人。我不知道他姓字名谁。"

老莱子说："那是孔丘。你召唤他到这里来。"

孔子来了。

老莱子对孔子说："孔丘！去掉你浑身的骄矜和外表的聪明，你就成为一个君子了。"

孔子对老莱子拱了拱手，向后退了几步，惊悚地变了面色，就问："我的德业能够进修吗？"

老莱子说："那不忍得看着当世昏乱而想着挽救万世灾患的人，究竟他是原来就胸怀空虚呢？还是疏忽而顾及不到呢？那以满足自己欲望为事的人，乃是终身的丑陋；平庸之人的行为也就到此为止了。用虚名来互相援引，用私情来互相结合，与其奖励帝尧而非难夏桀，还不如把他们双方通通忘掉，而塞止住别人对自己的称扬。违反本性，无非是损伤形体；扰动本性，无非是邪念产生。圣人从从容容地兴办事业，而能经常成功。那你还为什么安于如此而骄矜一辈子呢？"

宋元君①夜半而梦人被发窥阿门②，曰："予自宰路之渊③，予为清江使河伯之所。渔者余且④得予。"

元君觉，使人占之。曰："此神龟也。"

君曰："渔者有余且乎？"

左右曰："有。"

君曰："令余且会朝。"

明日，余且朝。

君曰："渔何得？"

对曰："且之网得白龟焉，其圆五尺⑤。"

君曰："献若龟。"

龟至。君再欲杀之，再欲活之，心疑。卜之。曰："杀龟以卜，吉。"乃刳龟。七十二钻⑥，而无遗䇲⑦。

仲尼曰："龟神⑧能见梦于元君，而不能避余且之网；知能七十二钻而无遗䇲，不能避刳肠之患。如是，则知有所困，神有所不及也。虽有至知，万人谋之。鱼不畏网，而畏鹈鹕⑨。去小知，而大知明；去善，而自善矣。"

【注释】① 宋元君，元公也。元公，名佐，平公之子。　② 阿，庭之曲也。谓阿房曲室之门。　③ 宰路，渊名，龟所居。　④ 姓余，名且也。又作"豫且"。　⑤ 圆，"运"之转声。其运五尺，言龟大径五尺也。　⑥ 钻，疑借为"燔"。燔，爇也。钻龟，谓以火爇荆菙灼之也。　⑦ 䇲，即"策"字。遗策，犹言失算也。　⑧ "龟神"，本作"神龟"。今以意正作"龟神"。⑨ 鹈鹕，水鸟也，一名淘河。

【译文】宋元君在半夜里做梦，有一个人披散着头发，来窥探宫廷转角的门，说："我从宰路之渊那里来，我是河神宫中的'清江使'。渔家余且逮住了我。"

宋元君醒过来，就让人占卜了一下。说："这是一只神龟。"

宋元君问："渔家中有余且这个人吗？"

左右的人说："有。"

宋元君说："命令余且来朝见我。"

第二天，余且来朝见。

宋元君问余且说："你打鱼逮住什么了？"

余且回答说："我的网逮住了一只白龟，它背壳的幅员直径有五尺。"

宋元君说："你把那只龟献出来。"

那只龟献来了。宋元君两次想杀掉它，两次想养活着它，心里迟疑不定。占卜了一下，说："杀掉这只龟，用它作占卜，吉利。"于是把这只龟解剖了。用火燔它来作占卜，七十二次，没有一次不应验的。

孔子〔听说这件事情〕，说："这只龟的神通能够向宋元君托梦，可是它不能够逃脱余且的网；智慧能够占卜七十二次、没有一次不应验，可是它不能够逃脱杀身的灾祸。像这样，可见智慧有时也受到穷困，神通也有时算计不到啊。虽然有最高的智慧，也禁不住一万人去谋算他。鱼并不怕网逮，而是怕鹈鹕淘。去掉小的智慧，大的智慧才能够显著；去掉善良的行为，自然就是善良的行为。"

婴儿生，无所师①，而能言：与能言者处也。

【注释】① "所"，本作"石"。石系借字。

【译文】婴儿生下来，并没有谁做老师，可是能够说话：这是由于他和能说话的人一起共处的关系。

惠子谓庄子曰:"子言无用。"

庄子曰:"知无用,而后可与言用矣。夫①地,非不广且大也,人之所用,容足耳。然则,厕足而垫②之,致③黄泉,人尚有用乎?"

惠子曰:"无用。"

庄子曰:"然则,无用之为用,亦明矣。"

【注释】①"夫",本作"天"。　②厕,借为"测"。度深曰测。垫,下也。　③致,至也。本亦作"至"。

【译文】惠子对庄子说:"您的言论没用。"

庄子说:"知道没用的道理,就可以和他谈有用的道理了。这地,不能不说是又宽又大了,人所用它的,只不过是放下自己的脚就行了。那么,如果把人的脚探在地下,到达黄泉,那人还有用吗?"

惠子说:"那就没用了。"

庄子说:"那么,没用的用处,也就显而易见了。"

庄子曰:人有①能游,且②得不游乎?人而不能游,且得游乎③?夫流遁之志,决绝之行,噫④其非至知、厚德之任⑤与?

覆坠而不返,火驰⑥而不顾;虽⑦相与为君臣,时也;易世而无以相贱。故曰:至人不留行焉。

夫尊古而卑今,学者之流⑧也。且⑨以狶韦氏之流,观今之世⑩,夫孰能不波⑪?唯至人乃能游于世而不僻,顺人而不失己。彼教不学,承意不彼⑫。

【注释】① 有,犹而也。有、而,犹如也。 ② 且,犹其也。 ③ 游,为也。 ④ 意,犹或也。 ⑤ 任,负也。 ⑥ 仌,本作"火",为"仌"(别)字之误。 ⑦ 虽,犹若也。 ⑧ 流,过也,失也。 ⑨ 且,犹若也。 ⑩ 豨韦,三皇以前帝号也。以玄古之风,御于今代。 ⑪ 波,借为"颇"。颇,偏也。 ⑫ 二句,前一"彼"字,承上文"世"字而言;后一"彼"字,承上文"人"字而言。

【译文】庄子说:这个人如果能有所作为,他得到不作为了吗?这个人如果不能有所作为,他得到作为了吗?那种流荡隐遁的意志,与世隔绝的行为,或许不是大智、大德的抱负吧?

身败名裂,而不肯反悔;乖离世俗,而不肯回头;如果和这种人在一起互为君臣,这也是时数;更换了时代,也就不能够互相看不起了。所以说:至人的行事,并不是滞塞不通的。

那种重视古代而轻视现代的思想,这是学者的过失。如果用豨韦氏时代的风俗,来观察现代,怎么能够不发生偏差呢?只有至人才能够在世俗之中有所作为,而不至发生偏差;顺从群众,而不至于失掉自己。那世俗之教,用不着学习;秉承群众的意志,不要分出彼此。

目彻① 为明,耳彻为聪,鼻彻为颤② ,口彻为甘,心彻为知,知彻为德。

凡道,不欲壅;壅,则哽③ ;哽而不止,则跈④ ;跈,则众害生。

物之有知者,恃息⑤ ;其不殷,非天之罪⑥ 。天之穿之,日夜无降⑦ 。人则顾塞其窦⑧ 。

胞有重阆⑨ ,心有天遊⑩ 。室无空虚,则妇姑勃谿⑪ ;

心无天遊，则六凿相攘⑫。大林山丘之善于人也，亦神者不胜⑬。

【注释】① 彻，通也。 ② 鼻通曰颤。 ③ 哽，塞也。今通作“梗”。 ④ 跈，读为“抮”。抮，戾也。言哽塞而不止，则相乖戾；相乖戾，则众害生也。下文“勃谿”、“相攘”，皆承“跈”义而言。 ⑤ 息，气息。 ⑥ 殷，齐也。 ⑦ 降，止也。 ⑧ 顾，反也。窦，孔也。流俗之人，反于天理壅塞，根窍滞溺不通。 ⑨ 阆，空旷也。胞膜中有重重空旷之处。 ⑩ 遊，与“阆”对文，亦有“空虚”之义。遊、游，实借为“宙”。 ⑪ 勃谿，争斗也。⑫ 六凿相攘，谓六情相攘夺。喜、怒、哀、乐、爱、恶，谓六情。 ⑬ 者，犹之也。

【译文】眼睛豁亮叫作明，耳朵豁亮叫作聪，鼻子豁亮叫作颤，嘴巴豁亮叫作甘，心灵豁亮叫作智慧，智慧豁亮叫作德。

凡是道路，不希望壅闭；壅闭了，就梗塞；梗塞不止，就乖离；乖离，就生出种种灾害。

万物的所以有知觉，是依靠气息；知识不齐同，并不是天的罪过。天的向万物渗透昼夜都不休止。人们却反而阻塞了自己的孔窍。

胎衣有多层的间隙，心脏有天然的空室。房屋没有空旷的地方，婆媳就会发生争吵；心脏没有天然的空室，六情就会互相攘夺。深山大林之所以被人喜爱，也是由于人的精神禁不起山林的引诱。

德溢于名，名溢于暴①；谋稽乎誸②，知出乎争，柴生乎守官③；事果乎众宜④。

【注释】① 暴，章露也。德溢乎名，言德所以洋溢，名为之也；名溢乎暴，言名所以洋溢，表暴以成之也。 ② 誸，急也。急而后考其谋。

③ 柴,塞也。官,犹任也。 ④ 果,决也。言事务取决于众人之所宜也。

【译文】德业由于声名而超越实际,声名由于表彰而超越实际;计谋从急事中考验,智慧从争论中生出,闭塞由固守官能中生出;事务取决于众人的便利。

春雨日时,草木怒生①,铫鎒于是乎始脩②,草木之到植③者过半,而不知其然。

【注释】① 怒,勉也,健也。今作"努"。 ② 铫,粗之类也。字亦作"锹"。鎒,锄也。脩,通"修"。修,垦也。 ③ 植,立也。到,古"倒"字。

【译文】春天下雨的时节,草木都努力地生长,人们都开始用铁锹、锄头修治田地,草木倒立过来的,已经超过了半数,可是人们并不知道其中的所以然。

静默①可以补病,眦搣②可以休老,宁可以止遽③。虽然,若是劳者之务也,非佚者之所④;未尝过而问焉。

圣人之所以骇⑤天下,神人⑥未尝过而问焉;贤人所以骇世,圣人未尝过而问焉;君子所以骇国,贤人未尝过而问焉;小人所以合时,君子未尝过而问焉。

【注释】① "默",本作"然",系"默"字之误。 ② 眦,亦作"揃"。搣,本亦作"搣"。揃搣,谓拔除白发也。作"眦搣"者,乃借字。 ③ 遽,忙也。 ④ 所,犹安也。 ⑤ "骇",成本作"骇"。骇,古"骇"字。骇,惊也。 ⑥ 神人,即圣人也。圣言其外,神言其内。

【译文】静默可以补救疾病,拔除白发可以息止衰老,宁定可以制止忙乱。虽然如此,这是劳役心神的人所要作的,而不是休息心神的人所安守的;〔休养心神的人〕是不曾过问这些的。

圣人的所以惊骇天下的行为,神人是不曾过问的;贤人的所以惊骇世间的行为,圣人是不曾过问的;君子的所以惊骇全国的行为,贤人是不曾过问的;小人的所以适合时宜的行为,君子是不曾过问的。

演门①有亲死者,以善毁②,爵为官师③。其党人毁而死者半。

【注释】① 宋城门名。 ② 毁,居丧毁瘠。 ③ 官师,一官之长也。

【译文】宋国演门有一个人,他父母死了,因为他在丧服期间善于毁瘦自己的身体,被封为官。他的同乡由于毁瘦身体而死掉的就有半数。

尧与许由天下,许由逃之。汤与务光,务光怒之。纪他闻之,帅弟子而踆①于窾水,诸侯吊之②;三年,申徒狄因以踣河③。

【注释】① 踆,古"蹲"字。 ② 窾,水名。恐其自沈,故吊之。 ③ 申徒狄、纪他,并隐者。踣,赴也。

【译文】帝尧要把天下让给许由,许由逃走了。殷汤要把天下让给务光,务光怒斥他。纪他听说殷汤推让天下,他率领着学生跑到窾水之上蹲着去了,各国诸侯都去慰问他;三年之后,申徒狄因此就跳河自尽了。

荃者①,所以在鱼,得鱼而忘荃;蹄者②,所以在兔,得兔而忘蹄;言者,所以在意,得意而忘言。吾安得夫忘言之人而与之言哉?

【注释】① 荃,鱼筍也。　② 蹄,兔罥也;系其脚,故云蹄也。

【译文】鱼篓是寄存鱼的工具,捕得了鱼之后,就会忘掉鱼篓;兔网是寄存兔的工具,抓得了兔之后,就会忘掉兔网;语言是寄存意念的工具,得到意念之后,就会忘掉语言。我怎样才能得到那忘掉语言的人而同他谈论谈论呢?

五、寓　　言（七章）

寓言①十九,重言②十七,卮言日出③,和以天倪④。

寓言十九,藉⑤外论之。亲父不为其子媒⑥;亲父誉之,不若非其父者也。非吾罪也,人之罪也。与己同,则应;不与己同,则反。同于己,为是之;异于己,为⑦非之。

重言十七,所以己⑧言也,是谓耆艾⑨。年先矣,而无经纬本末以期年耆者⑩,是非先也。人而无以先人,无人道也。人而无人道,是之谓陈人⑪。

卮言日出,和以天倪,固以曼衍,所以穷年。不言则齐。齐与言不齐,言与齐不齐也;故曰,无言。言,无言。终身言,未尝言⑫;终身不言,未尝不言。有自⑬也而可,有自也而不可;有自也而然,有自也而不然。恶乎然? 然于然;恶乎不然? 不然乎不然。恶乎可? 可于可;恶乎不可? 不可于不可。物固有所然,物固有所可。无物不然,无物不可。非卮言日出,和以天倪,孰得其久?

万物皆种⑭也,以不同形相禅⑮,始卒若环,莫得其伦⑯。是谓天均⑰。——天均者,天倪也。

【注释】① 意在此,而言寓于彼。　　② 重,复也。重言者,重说耆艾之言也。　③卮言,谓支离其言,言无的当。　④天倪,解详《齐物论》篇。
⑤藉,借也。　⑥媒,媾合也。　⑦为,犹则也。　⑧已,本作"已",形
误。已言,即综理众说之言也。　⑨耆艾,寿考者之称也。　⑩期,会也;
会,合也。此谓年虽先生,而其知识不与相年相合也。　⑪陈人,陈久之
人。　⑫"未尝言",本作"未尝不言"。　⑬自,由也。　⑭种,五谷之子
也。　⑮禅,代也,传也。　⑯伦,理也。　⑰天均,亦作"天钧",解详
《齐物论》"圣人和之以是非,而休乎天钧"下。

【译文】〔《庄子》书中,〕别有寄托的话占十分之九,重复前人
的话占十分之七;支离荒唐的话,天天有新的发抒,用"天倪"(循
环的天道)说来和同是非。

别有寄托的话占十分之九,假借别的事物来谈论需要说明
的事物。〔譬如,〕父亲不替自己的儿子做媒;父亲夸奖自己的儿
子,不如不是他父亲的人容易取信于人。〔这样运用别有寄托的
话,〕并不是我的罪过,而是别人的罪过。〔一般的人对于别人的
见解,〕和自己相同的,就应和;和自己不相同的,就反对;和自己
相同的,就认为是;和自己不相同的,就认为非。

重复别人的话占十分之七,用以综合众家学说,这些学说都
是出自年龄高迈、经验宏富的人。如果年龄占先,可是没有经纶
天地始终的才德来符合自己的年龄,也就不配生在别人以前。
一个人如果没有可以生在别人以前的才德,便是没有人道。人
而没有人道,就叫作陈久(死)之人。

支离荒唐的话,天天有新的发抒,用"天倪"(循环的天道)说
来和同是非,借着这个来推衍事理,这才可以穷尽悠长的年代。
不用说话,事物就会齐一。齐一和说话不是齐一的,说话和齐一
也是不齐一的。所以说,不需要说话。说话,并不需要说话。说
一辈子话,并不就是说话;一辈子不说话,并不就是不说话。有

所根原就可以,有所根原就不可以;有所根原就如此,有所根原就不如此。为什么如此? 如此就是如此;为什么不如此? 不如此就是不如此。为什么可以? 可以就是可以;为什么不可以? 不可以就是不可以。万物本来就有它们所以如此的理性,万物本来就有它们所以可以的理性。万物没有不如此的,万物没有不可以的。如果不是支离荒唐的话天天有新的发抒,用"天倪"(循环的天道)说来和同是非,谁能够得以与世长存呢?

万物都是由种子生成的,它们以不同的形象互相流传着,自始至终,就如同圈环一样,谁也摸不清它们的条理。这就叫作"天均"。——"天均"就是"天倪"(循环的天道)。

庄子谓惠子曰:"孔子行年六十而六十化:始时所是,卒而非之;未知今之所谓是之非五十九非也①?"

惠子曰:"孔子勤志服知也②?"

庄子曰:"孔子谢③之矣,而其④未之尝言? 孔子云:'夫受才乎大本⑤,复灵⑥以生;鸣而当律,言而当法。利义陈乎前,而好恶、是非直服人之口而已矣。使人乃⑦以心服,而不敢蘁立⑧,定天下之定。'已乎! 已乎! 吾且⑨不得及彼乎!"

【注释】① 此称孔子,与《则阳》篇称蘧伯玉,语意略同。 ② 志,借为"识"。识,记也。服,借为"备"。备,丰足也。勤志服知,犹言博闻强记也。也,通"邪",疑问辞。 ③ 谢,化也。 ④ 其,读为"岂"。 ⑤ 大本,谓太初。 ⑥ 复,疑与"腹"通。复灵,犹言含灵也。 ⑦ 乃,犹能也。 ⑧ 蘁,借为"屰"。蘁立,逆立。○陆德明:蘁,音"悟",逆也。○马叙伦:《文选·雪赋》注引"蘁"作"忤"。蘁,借为"悟"。 ⑨ 且,犹殆也。

【译文】庄子对惠子说:"孔子年纪到了六十岁,就变作为六十的样子:他从前认为是的,后来便认为是非的。也不知道现在所谓是的,是不是就是五十九岁时候所谓非的。"

惠子说:"孔子是博闻强记的吗?"

庄子说:"孔子〔把天下的知识〕融会在内心的,可是他何尝没有发表过言论呢? 孔子这样说过:'人从天地的本元禀受到材质,含藏着灵气而生存;声调要合乎音律,语言要合乎法度。利禄和正义都摆列在每个人的面前,那些好恶、是非的区别,只不过是制服人的嘴罢了。使别人能够从内心服从自己,而不敢和自己对立,就能够稳住天下的定局。'算了吧! 算了吧! 我大概是不能够赶得上他了。"

曾子再仕,而心再化。曰:"吾及亲仕,三釜,而心乐;后仕,三千钟①,而不洎②,吾心悲。"

弟子问于仲尼曰:"若参者,可谓无所县其罪③乎?"

曰:"既已县矣。夫无所县者,可以有哀乎? 彼视三釜、三千钟,如视蚊虻④相过乎前也!"

【注释】① 六斗四升曰釜。六斛四斗曰钟。 ② 洎,及也。不洎,不及养亲。 ③ 县,系也。其,犹于也。无所县其网,无所挂于世俗之网罗也。此"罪"之本义也。 ④ "如视蚊虻",本作"如观雀蚊虻"。

【译文】曾参做过两次官,他的心情就有两次变化。他说:"我在父母在的时候做官,只挣三釜米,可是我心情感到愉快;后来做官,挣到三千钟米,可是赶不上事奉父母,我心情感到悲伤。"

孔子的学生问孔子说:"像曾参这样的人,可以说是不被世网所牵挂的了吧?"

孔子说:"他已经有所牵挂了。那无所牵挂的人,能够怀有悲哀的心情吗? 那无所牵挂的人,看着三釜米或三钟米的俸禄,就如同看到蚊虫、虻虫在面前交相经过一样啊!"

颜成子游谓东郭子綦①曰:"吾闻子之言,一年而野②,二年而从③,三年而通④,四年而物⑤,五年而来⑥,六年而鬼入⑦,七年而天成⑧,八年而不知死、不知生⑨,九年而大妙⑩。"

【注释】① 居在郭东,故曰东郭,犹是《齐物论》中南郭子綦也。子游,子綦弟子也。 ② 野,质朴也。闻道一年,学心未熟,稍能朴素,去浮华耳。③ 从,顺于俗也。 ④ 通,不滞境也。 ⑤ 物,识也。谓通晓物理也。⑥ 来,疑借为"觌"。觌,内视也。内视谓之明。 ⑦ 鬼,当借为"慧"。鬼入,谓知慧内藏也。正承"觌"言之。 ⑧ 天成,合自然也。 ⑨ 知冥造物,神合自然,故不觉死生聚散之异也。 ⑩ 妙,精微也。理穷终妙,知照宏博,故称大也。

【译文】颜成子对老师东郭子綦说:"自从我听到您的言论之后,一年,就质性朴素了;二年,就顺从世俗了;三年,就内心开朗了;四年,就通晓物理了;五年,就有自知之明了;六年,就知慧内藏了;七年,就同自然 体了;八年,就不知道什么叫作死生了;九年,就完全领悟了天地间玄妙之理了。"

生有为,死也劝公①。

以其死,阴②也,有自③也;而生,阳也,无自也。而果然乎?

恶乎其所适？恶乎其所不适？

天有历数，地有人据，吾恶乎求之？

莫知其所终，若之何其无命也？莫知其所始，若之何其有命也？

有以相应也，若之何其无鬼邪④？无以相应也，若之何其有鬼邪？

【注释】① 劝，进也。公，正也。 ②"死"下本无"阴"字。 ③ 自，由也。 ④ 鬼，神识也。

【译文】生存着有所作为，死亡了才进入正常状态。

因为，万物的死亡，是属于阴的，是有来由的(由有入无)；而万物的生存，是属于阳的，是没有来由的(有生于无)。究竟是不是这样的呢？

什么是万物所安适的呢？什么是万物所不安适的呢？

天有星历度数，地有人为依据。我有什么求取的呢？

〔天地万物，〕不知道它们到什么时候终结，怎么能够说它们是没有生命的呢？不知道它们从什么时候开始，怎么能够说它们是有生命的呢？

〔人的行止和自然的气数，〕有的是互相适应的，怎么能够说这里没有鬼神的主使呢？有的是不相适应的，怎么能够说这里有鬼神的主使呢？

众罔两问于景①曰："若向也俯，而今也仰；向也括②，而今也披发；向也坐，而今也起；向也行，而今也止。何也？"

景曰："搜搜③也，奚稍问④也？予有⑤而不知其所

以。予,蜩甲⑥也,蛇蜕也,似之而非⑦也。火与日,吾屯
也;阴与夜,吾代也⑧。彼,吾所以有待邪⑨?而况乎以有
待者乎⑩?彼来,则我与之来;彼往,则我与之往;彼强
阳,则我与之强阳。强阳者又何以有问乎⑪?"

【注释】① 罔两,影外微阴也。景,音"影",本或作"影"。　② 括,谓
括发也。　③ 搜,读如"溲",搜搜,犹区区也。　④ 奚稍问,犹言"何消
问",即"何须问"也。　⑤ 有,读为"为"。　⑥ 蜩甲,蝉蜕皮也。　⑦ 蜩
与蛇蜕皮后,与前已有不同,故以喻似之而非。　⑧ 屯,聚也。代,谢也。
火、日明而影见,故曰吾聚也;阴暗则影不见,故曰吾代也。　⑨ 待,犹假
也。　⑩ 以,读为"又"。　⑪ 彼者,形也。强阳,犹徜徉也。

【译文】许多阴影外的阴影问阴影说:"你从前低着头,现在
仰着头;从前扎着头发,现在散着头发;从前坐着,现在立着;从
前走路,现在停站着。这是为什么呢?"

阴影说:"这点小小的事情,何须问它呢?我这样做了,并不
知道其中的所以然。我就像蜘蟟脱了壳一样,就像蛇脱了皮一
样,像从前的样子,又不像从前的样子。有火和太阳,我就聚结
起来;在阴天和黑天,我就消失了。它(形体)是我所要依靠的
吗?何况它又是有所依靠的呢?它(形体)来,我就和它一同来;
它走,我就和它一同走;它徘徊,我就和它一同徘徊。这徘徊的
现象,又有什么可问的呢?"

阳子居①南之沛②,老聃西游于秦,邀③于郊,至于
梁④,而遇老子。

老子中道⑤仰天而叹,曰:"始以汝为可教,今不
可也!"

阳子居不答。

至舍⑥，进盟、漱、巾、栉⑦，脱屦户外，膝行而前，曰："向者，弟子欲请夫子，夫子行，不闲，是以不敢。今闲矣，请问其过。"

老子曰："而⑧睢睢盱盱⑨，而谁与居？大白若辱，盛德若不足⑩。"

阳子居蹴然⑪变容，曰："敬闻命矣。"

其往也，舍迎将⑫，其家公⑬执席，妻执巾栉；舍者避席，炀⑭者避灶。其反也，舍者与之争席矣。

【注释】① 阳子居，名朱，字子居。《列子·黄帝》篇作"杨朱"。② 之，往也。沛，彭城，今徐州是也。 ③ 邀，即《孟子·公孙丑》篇"使数人要于路"之"要"，即抄近路而截遮之意。 ④ 梁国，今河南开封。⑤ 中道，道中。 ⑥ 届逆旅之舍，至休息之所。 ⑦ 盟，澡也，洒(洗)也。栉，梳也。 ⑧ 而，汝也。 ⑨ "睢睢"，本作"睢睢"。睢睢盱盱，拔扈之貌。 ⑩ 辱，污也。 ⑪ 蹴然，惭悚貌。 ⑫ "舍迎将"，本作"舍者迎将"。舍，谓逆旅主人也。 ⑬ 家公，主人公也。 ⑭ 对火曰炀。

【译文】阳子居往南方沛邑去，老子往西方秦国去，阳子居在沛邑郊外抄近路截住老子，走到梁邑，遇见了老子。

老子在半路上，仰着头向天叹息，说："起初，我以为你可以教诲；现在，你是不可以教诲的了！"

阳子居没有回话。

到了旅店里，阳子居捧着洗脸、漱口、梳头的用具，把鞋脱在门外，跪着走到老子面前，说："方才，学生想着向老师请教，因为老师在路上，没有空闲，所以不敢发问。现在，老师空闲了，我请问我的过失是什么。"

老子说："你那种不可一世的样子,谁愿意同你在一起呢?最洁白的好像是污黑的,德行最高的好像是不充分的。"

阳子居惊悚地变了面色,对老子说："我恭恭敬敬地接受您的教诲。"

阳子居往沛邑去的时候,店家都迎送他,那里的店主人给他安座位,店主娘子给他拿洗脸梳头的用具,旅客们见了他就躲开座位,烤火的人见了他就躲开炉灶。到阳子居回来的时候,旅客们都争着和他坐在一起了。

六、让　　王(十八章)

尧以天下让许由,许由不受;又让于子州支父①。子州支父曰:"以我为天子,犹之②可也;虽然,我有幽忧之病③,方且治之,未暇治天下也。"

夫天下,至重也,而不以害其生④,又况他物乎?唯无以天下为者,可以托天下也。

【注释】① 支父,字也;即支伯也。姓子,名州,字支父;怀道之人,隐者也。　② 之,犹为也。　③ 幽,内也。幽忧之病,犹言内疾也。　④ 生,性也。

【译文】帝尧要把天下让给许由,许由不接受;又要让给子州支父。子州支父说:"教我做天子,倒是可以;不过,我患有内症,正要治病,我没有工夫治理天下。"

这天下,是最重大的事物,并不因为它而损害了自己的本性,又何况是其他的事物呢?只有不把天下当件事情的人,才可以把天下托付给他。

舜让天下于子州支伯①。子州支伯曰:"予适有幽忧之病,方且治之,未暇治天下也。"

故②天下,大器也,而不以易性。此有道者之所以异乎俗者也。

【注释】① 支伯,犹支父也。寓托之名也。 ② 故,犹夫也,提示之词也。

【译文】大舜要把天下让给子州支伯。子州支伯说:"我正在患内症,正要治病,我没有工夫治理天下。"

这天下,是最重大的器物,并不因为它而改变了自己的本性。这便是有道之人所以和世俗之人不同的所在。

舜以天下让善卷①。善卷曰:"余立于宇宙之中,冬日衣皮毛,夏日夜葛绤②;春耕种,形足以劳动;秋收敛,身足以休食;日出而作,日入而息,逍遥于天地之间,而心意自得。吾何以天下为哉? 悲夫! 子之不知余也!"遂③不受,于是去,而入深山,莫知其处。

【注释】① 姓善,名卷。善卷,隐者也。寓托之名也。 ② 绤,细葛也。 ③ 遂,犹终也。

【译文】大舜要把天下让给善卷。善卷说:"我站立在宇宙中间,冬天穿毛皮衣,夏天穿麻布衣;春天耕种田地,形体得到劳动;秋天收割庄稼,身体得到休养;太阳出来去耕作,太阳下山就休息,逍遥在天地之间,心神自由自在。我为什么要去治理天下呢? 可叹哪! 您是这样地不认识我啊!"他终于没有接受,从此离去了,进入了深山,谁也不知道他的居处。

舜以天下让其友石户之农①。石户之农曰:"捲捲②乎! 后③之为人,葆④力之士也!"以舜之德未至也,于是夫负妻戴,携子,以入于海,终身不反也。

【注释】① 似为人名。　② 捲捲,用力貌。　③ 后,君也。　④ 葆,字亦从"保"。

【译文】大舜要把天下让给他的朋友石户之农。石户之农说:"君王的为人,太勤劳了! 您真是个保全精力的人啊!"他以为大舜的德业还不广大,于是,夫妻二人就背着家什,领着儿子,逃到大海去了,一辈子也没有回来。

大王亶父居邠,狄人攻之①。事之以皮帛而不受,事之以犬马而不受,事之以珠玉而不受。狄人之所求者,土地也。

大王亶父曰:"与人之兄居,而杀其弟;与人之父居,而杀其子;吾不忍为也。子皆勉居矣。为吾臣,与为狄人臣,奚以异? 且吾闻之:'不以所用养害所养②。'"

因杖筴③而去之。民相连而从之。遂成国于岐山之下。

夫大王亶父,可谓能尊生矣。能尊生者,虽贵富,不以养伤身;虽贫贱,不以利累形。今世之人,居高官尊爵者,皆重④失之;见利,轻亡其身。岂不惑哉?

【注释】① 大,音"太"。亶父,王季之父,文王之祖也。邠,地名。狄人,猃狁也。　② 用养,土地也;所养,百姓也。　③ 杖筴,拄杖。④ 重,大也。

【译文】太王亶父在邠邑建立国家,狄人来侵略他。他用兽皮布帛去侍奉,他们不接受;用牲畜去供奉,他们不接受;用珠宝去供奉,他们不接受。狄人所要求的,是邠邑这片土地。

太王亶父〔对臣民们〕说:"和人家的哥哥居住在一起,而杀了人家的弟弟;和人家的父亲居住在一起,而杀了人家的儿子;我是不忍这样做的。你们都在这儿好好地居住着吧。作为我的臣仆,和作为狄人的臣仆,有什么不同呢? 我曾听说过:'不要用养活人的土地伤害了所养活的人民。'"

太王亶父于是拄着拐杖离开了邠邑。人民也都接连不断地跟着他走了。终于在岐山之下又建立起了国家。

那太王亶父可以称作是能够尊重生命的了。能够尊重生命的人,虽然富贵,并不用供养来伤害身躯;虽然贫贱,并不用利欲来亏累形体。现在世俗之人,居处高官显位的,都大大地失掉了尊重生命的品德;见到利欲,就轻于丧亡了自己的身躯。这难道不是糊涂吗?

越人三世弑其君,王子搜患之①,逃乎丹穴②。

而越人无君,求王子搜;不得,之丹穴。王子搜不肯出。越人熏之以艾。乘以玉舆③。王子搜援绥登车④,仰天而呼⑤,曰:"君乎! 君乎! 独不可以舍我乎?"

王子搜非不欲为君也,恶为君之患也。若王子搜者,可谓不以国伤生矣。——此固越人之所以欲得为君也。

【注释】① 搜,王子名,《淮南子》作"翳"。 ② 丹穴,南山洞也。③ "玉舆",本作"王舆"。玉舆,君之车辇也。亦有作"王"字者,所谓王辂也。 ④ 援,引也。绥,车中把也。 ⑤ 呼,借为"嘑"。嘑,号也。

【译文】越国人杀过三代君主,王子搜感到害怕,就逃亡到丹穴去了。

由于越国没有君主了,国人就寻找王子搜;寻找不着,就到丹穴去寻找。王子搜不肯出来。国人就用艾火熏他。〔他出来，〕国人就请他乘坐玉辇。王子搜抓住车扶手上了车，仰起头向着天号哭，说："君王啊！君王啊！难道就不可以放弃我这个人吗？"

王子搜并不是讨厌做君王，而是讨厌做君王后的灾祸。像王子搜这样的人，可以称作是不因为国家而伤害本性的了。——这当然是越国人所以愿意把他立为君主的原因啊。

韩、魏相与争侵地。子华子见昭僖侯①。昭僖侯有忧色。

子华子曰："今使天下书铭于君之前，书之言曰：'左手攫之，则右手废；右手攫之，则左手废②；然而攫之者必有天下。'君能③攫之乎？"

昭僖侯曰："寡人不攫也。"

子华子曰："甚善。自是观之，两臂重于天下也，身亦重于两臂。韩之轻于天下，亦远矣。今之所争者，其轻于韩又远。君固愁身伤生以忧戚不得也④？"

僖侯曰："善哉！教寡人者众矣，未尝得闻此言也。"

子华子可谓知轻重矣。

【注释】① 子华子，魏人也。昭僖侯，韩侯。　② 攫，取也。废，弃也。③ 能，犹宁也。　④ 愁，读为"揫"。揫，敛也。也，犹邪也。固，犹岂也。

【译文】韩、魏两国互相侵争土地。子华子去谒见韩国昭僖侯。昭僖侯脸上露出忧愁之色。

子华子对昭僖侯说："现在假如天下在君王面前写一段书铭，这样写道：'谁要是用左手攫取这段书铭，就去掉谁的右手；

谁要是用右手攫取这段书铭,就去掉谁的左手;然而攫取的人一定会得到天下。'君王宁愿攫取它吗?"

昭僖侯说:"我不攫取它。"

子华子说:"很好。由此看来,两只胳膊要比天下贵重,身体又比两只胳膊贵重。韩国比天下要轻微得多。现在所争夺的土地,又比韩国轻微得多。君王难道要消损身体、伤害生命来忧愁着得不到那点儿土地吗?"

昭僖侯说:"好啊!教诲寡人的人太多了,可是我还不曾听到过这样的话啊。"

子华子可以称作是知道轻重的了。

鲁君闻颜阖①得道之人也,使人以币先焉②。

颜阖守陋闾,苴布③之衣,而自饭牛。鲁君之使者至,颜阖自对之。

使者曰:"此颜阖之家与?"

颜阖对曰:"此阖之家也。"

使者致币。

颜阖对曰:"恐听者④谬,而遗使者罪,不若审之⑤。"

使者还反,审之。

后来,求之,则不得已。

故⑥若颜阖者,真恶富贵者也。故曰:"道之真,以治其身;其绪余⑦,以为国家;其土苴⑧,以治天下。"由此观之,帝王之功,圣人之余事也,非所以完身养生也。今世俗之君子,多危身弃生以殉物。岂不悲哉?凡圣人之动作也,必察其所以之与其所以为⑨。

今且⑩有人于此,以随侯之珠,弹千仞之雀,世必笑之,是何也?则⑪其所用者重,而所要者轻也。夫生者,岂特随侯珠⑫之重哉?

【注释】① 鲁君,哀公也。颜阖,鲁人,隐者也。 ② 币,帛也。先,当读为"洗"。洗,致言也。 ③ 苴,借为"粗"。 ④ 者,犹之也。 ⑤ 遗,照也。不欲受币,致此矫词,以欺使者。 ⑥ 故,犹夫也,提示之词也。⑦ 绪者,残也,谓残余也。 ⑧ 土苴,糟魄(粕)也。 ⑨ 所以之者,谓德所加之方也;所以为者,谓所以待物也。 ⑩ 且,犹若也。 ⑪ 则,犹以也。⑫ "随侯"下本无"珠"字。

【译文】鲁侯听说颜阖是位得道之人,便派使者带着财帛先去致意。

颜阖守着简陋的家门,穿着粗布的衣服,自己正在喂牛。鲁侯的使者来到门口,颜阖自己和使者答话。

使者问:"这是颜阖的家吗?"

颜阖回答:"这是颜阖的家。"

使者献上财帛。

颜阖对他们说:"恐怕我听错了,因而让你们使者获罪,你们不如仔细调查一下再说。"

使者回去了,作了调查。

使者又回来,再寻找他,就寻找不到了。

像颜阖这样的人,真算是讨厌富贵的了。所以古语说:"'道'的本真,是用来治理身心;'道'的残余,是用来治理国家;'道'的糟粕,是用来治理天下。"由此看来,帝王的功绩,只不过是圣人的余事,并不是用它来保身养生。现在世俗的君子,大多数是危害着身体、抛弃着生命,去追逐外物。难道不是很可悲吗? 大凡是圣人的一举一动,必定要明察自己所向往的和自己所做的是什么。

现在如果在这里有这么一个人,他用明月珠来弹打飞在千把丈高的麻雀,世人必定要嗤笑他。这是为什么呢? 因为他所耗用的太名贵,而所要求的太轻微了。人的生命,岂止就像明月珠那样名贵吗?

子列子穷,容貌有饥色。客有言之于郑子阳①者,曰:"列御寇,盖②有道之士也;居君之国,而穷。君无乃③为不好士乎?"

郑子阳即令官④遗之粟。子列子见使者,再拜而辞。

使者去,子列子入。其妻望之,而拊心⑤曰:"妾闻:为有道者之妻子,皆有佚乐。今有饥色。君⑥过而遗先生食,先生不受。岂不命邪?"

子列子笑,谓之曰:"君非自知我也,以人之言,而遗我粟;至其罪我也,又且以人之言。此吾所以不受也。"

其卒,民果作难,而杀子阳。

【注释】① 子阳,郑相。 ② 盖,犹乃也。 ③ 无乃,犹今言"莫非"之意。 ④ 官,主仓之官。 ⑤ 拊,犹抚也。 ⑥ 以下"君"字,皆泛指郑君而言。

【译文】列子家境贫穷,面容外貌带着饥饿的颜色。有人告诉郑国宰相子阳说:"列御寇,乃是个有道之士;他住在您的国里,而遭受贫穷。您莫非是不爱护贤士吗?"

子阳立即命令仓官给列子送粮食去。列子见到使者,向他们拜了两拜,就谢绝了他们。

使者走后,列子回到屋里。他妻子望了望他,摸着心口,说:"我听说:作为有道之士的妻子,都享受到安乐。现在我们正挨着饿,国君派人来探望您,并且送给您吃的,可是您不接受。这岂不是命该如此吗?"

列子笑了笑,对妻子说:"国君并不是自己知道我,只不过是听了别人的话,因而送给我粮食;等到他治我罪的时候,又是因为听了别人的话。这便是我所以不接受的原因。"

后来,人民果然起来发难,把子阳杀掉了。

楚昭王失国,屠羊说走,而从于昭王①。

昭王反国,将赏从者,及屠羊说。屠羊说曰:"大王失国,说失屠羊;大王反国,说亦反屠羊;臣之爵禄已复矣,又何赏之有?"

王曰:"强之。"

屠羊说曰:"大王失国,非臣之罪,故不敢伏其诛②;大王反国,非臣之功,故不敢当其赏。"

王曰:"见之。"

屠羊说曰:"楚国之法,必有重赏大功,而后得见。今臣之知不足以存国,而勇不足以死寇。吴军入郢,说畏难而避寇,非故随大王也。今大王欲废法毁约,而见说,此非臣之所以闻于天下也。"

王谓司马子綦曰:"屠羊说居处卑贱,而陈义甚高。子其③为我延之以三珪之位④。"

屠羊说曰："夫三珪之位,吾知其贵于屠羊之肆也;万钟之禄,吾知其富于屠羊之利也;然岂可以贪爵禄而使吾君有妄施之名乎? 说不敢当,愿复反吾屠羊之肆。"遂不受也。

【注释】 ① 楚昭王,名轸,平王子。屠羊,贱人,名说。 ② 伏,服也。诛,犹罚也。 ③ "子其",本作"子綦"。 ④ "三珪",本作"三旌"。三珪,三公也。

【译文】 楚昭王丧失了国土,屠羊说出走,跟着昭王一起流亡。

昭王返回国土之后,将要赏赐跟他一起流亡的人,连屠羊说也包括在内。屠羊说〔对昭王的左右〕说:"大王丧失了国土,我丧失了宰羊的职业;大王返回国土,我也返回了宰羊的职业。我的官爵、俸禄都已经恢复了,又有什么可赏赐给我的呢?"

〔左右把这话报告给了昭王。〕昭王说:"强迫他接受。"

〔左右又把昭王的旨意传达给屠羊说。〕屠羊说说:"大王丧失了国土,并不是我的罪过,所以我不敢服从这种惩罚;大王返回国土,并不是我的功劳,所以我不敢接受这种赏赐。"

昭王〔听到左右所传达的屠羊说的话,就对左右〕说:"我想见见他。"

屠羊说〔对左右〕说:"楚国的法令,必定是受过重赏、立过大功的人,才能够觐见国王。现在,我的智谋不能够保存国土,勇气不能够杀死敌寇。吴国的大军进入郢都,我害怕受到灾难,就逃走躲避敌寇,并不是我故意追随大王。现在,大王情愿废毁了国家法令来召见我,这并不是我所要使天下知道的事情。"

昭王对大司马子綦说:"屠羊说地位卑贱,可是他陈述道义很高超。您要为我用三公的爵位把他聘请来。"

屠羊说〔又对大司马子綦〕说:"那三公的爵位,我知道它要比宰羊的门市高贵得多;万种的俸禄,我知道要比宰羊的利润丰厚得多;可是,哪能因为我贪求爵位和俸禄,而使我们国王有了滥加施舍的名声呢?我不敢承当这个恩赏,我只希望返还我那宰羊的门市就够了。"

屠羊说到底没有接受。

　　原宪①居鲁,环堵之室②,茨以生草③,蓬户④不完,桑以为枢,而瓮牖⑤;二室,褐以为塞⑥;上漏下湿。匡坐而弦歌⑦。

　　子贡乘大马,中绀而表素⑧,轩车不容巷,往见原宪。

　　原宪华冠⑨、继履⑩、杖藜而应门⑪。

　　子贡曰:"嘻⑫!先生何病⑬?"

　　原宪应之曰:"宪闻之:'无财,谓之贫;学而不能行,谓之病。'今宪,贫也,非病也。"

　　子贡逡巡而退⑭,有愧色。

　　原宪笑曰:"夫'希世而行⑮,比周而友;学以为人,教以为己;仁义之慝⑯,舆马之饰⑰',宪不忍为也。"

【注释】① 原宪,孔子弟子,姓原,名思,字宪也。　② 周环各一堵,谓之环堵,犹方丈之室也。　③ 茨,以茅苇盖屋也。　④ 蓬户,织蓬为户。⑤ 桑以为枢,屈桑条以为户枢也。瓮牖,破瓮为牖。　⑥ 二室,夫妻各一室。塞,犹蔽也。褐以为塞,谓以褐衣为窗帘也。　⑦ 匡,正也。"弦"下本无"歌"字。弦,谓弦歌。　⑧ 绀为中衣,加素为表。绀,此今之天青色。⑨ 华冠,以桦木皮为冠。　⑩ 继履,谓履无跟也。　⑪ 杖藜,以藜为杖也。应门,自对门也。 ⑫ 嘻,笑声也。 ⑬ 病者,感衰气而不神也。⑭ 逡巡,却退貌也。"而"下本无"退"字。 ⑮ 希,望也。 ⑯ 愿,恶也。仁义之愿,谓依托仁义为奸恶。 ⑰ 饰马车以衒矜夸。

【译文】原宪闲居在鲁国,一丈见方的房舍,屋顶盖着新鲜草,蓬蒿编的破门,桑木棍子作门轴,破瓮作窗户;夫妻二人各住一间屋子,都用破粗布衣作窗帘;顶上漏水,地下潮湿。原宪端端正正地坐在屋中间,在弹琴歌唱。

子贡骑着大马,穿着天青色的内衣,罩着素色的外套,车马在巷子里都容不下,来会见原宪。

原宪戴着桦木皮的帽子,穿着没有后跟的鞋子,拄着藜草茎的拐杖,自己在门口迎接宾客。

子贡对原宪说:"嘻!先生为什么这么颓唐呢?"

原宪回答说:"我听说过:'没有钱财,叫作贫穷;学习了不能够实行,叫作颓唐。'现在,我是贫穷,而不是颓唐啊。"

子贡倒退了几步,脸上呈现出羞愧的颜色。

原宪笑着说:"那所谓'照顾着世俗做事情,亲亲昵昵地交朋友;学习只是为了别人,教学只是为了自己;假借仁义去做坏事,出门就是文车大马'的,我是不忍心这样做的。"

曾子居卫,缊袍①无表,颜色种哙②,手足胼胝;三日不举食,十年不制衣;正冠而缨绝,捉衿③而肘见,纳屦而踵决。曳纵而歌商颂④,声满天地,若出金石。天子不得臣,诸侯不得友。

故养志者忘形,养形者忘利,致道者忘心⑤矣。

【注释】① 缊,谓今纩及旧絮也。 ② 种,即借为"肿"。种哙,盈虚不常之貌。瘣,病也。　③ 衿,衣交领也。字亦作"襟"。　④ 商颂:谓商代之颂歌也。　⑤ 心,谓私欲。

【译文】曾子闲居在卫国,旧棉絮的破袍子,没有衣面;面色虚肿,手脚上都有一层厚皮;三天烧不上一顿饭,十年做不上一件衣;正一正帽子,帽带儿就断,掣一掣领襟,胳膊肘就露出;提一提鞋子,鞋后跟就裂开。他拖着没有后跟的鞋子,唱着商代的乐曲,声音充满天地之间,好像从金石之中发出的一般。天子不能够把他作臣仆,诸侯不能和他交朋友。

所以,保养意志的人,就能够忘掉形体;保养形体的人,就能够忘掉利禄;得"道"的人,就能忘掉私心。

孔子谓颜回曰:"回,来! 家贫,居卑,胡不仕乎?"

颜回对曰:"不愿仕。回有郭外之田五十亩,足以给钎粥①;郭内之田十亩,足以为丝麻;鼓琴,足以自娱;所学夫子之道者,足以自乐也。回不愿仕。"

孔子欣然②变容曰:"善哉,回之意! 丘闻之:'知足者,不以利自累也;审自得者,失之而不惧;行修于内者,无位而不怍③。'丘诵之久矣,今于回而后见之。丘之得也。"

【注释】① 钎,字或作"饘",糜也。　②"欣",本作"愀"。　③ 怍,惭也。

【译文】孔子对颜回说:"颜回啊,过来! 你家境贫寒,地位卑贱,为什么不做官呢?"

颜回说:"我不愿意做官。在外城之外,我有田地五十亩,足够用来供给喝粥;在外城之内,我有田地十亩,足够生产丝麻;弹弹琴,足以自己消遣;所学习的老师的道术,足以自我快乐。我不愿意做官。"

孔子改换了欣喜的面容,说:"你的愿望很好啊! 我听说过:'知足的人,不因为利欲而困累自己;懂得自寻乐趣的人,失掉了什么也不会恐惧;德行修饬于内的人,没有官位也不感到惭愧。'这些话我念叨得许久了,现在在你身上我才真正见到。这是我的收获啊。"

中山公子牟①谓瞻子②曰:"身在江海之上,心居乎魏阙③之下,奈何?"

瞻子曰:"重生。重生,则轻利④。"

中山公子牟曰:"虽知之,未能自胜也。"

瞻子曰:"不能自胜,则从之。"

"从之⑤,神无恶乎?"

"不能自胜,而强不从者,此之谓重伤⑥。重伤之人,无寿类矣⑦。"

魏牟,万乘之公子也,其隐居岩穴也,难为于布衣之士;虽未至乎道,可谓有其意矣。

【注释】① 公子牟,魏之公子,封中山,名牟。　② 瞻子,贤人。瞻,或作"詹"。詹子,即詹何也。盖道家之流。　③ 魏阙,象卫观阙,人君门也。言心存荣贵。　④ "轻利",本作"利轻"。　⑤ "不能自胜,则从之。从之",本作"不能自胜,则从",无"之从"二字。恶,犹患也。　⑥ 重伤,再伤也。　⑦ 类,犹象也。无寿类,即无寿象也。

【译文】中山公子牟对瞻子说:"我身体隐遁在江海之上,可是心志却流连在宫门之下,这怎么办呢?"

瞻子曰:"你要重厚生命。重厚生命,就轻薄利禄了。"

公子牟说:"我虽然知道这个道理,可是自己不能克制。"

瞻子说:"自己不能克制,你就任其自然。"

公子牟说:"任其自然,精神不受损伤吗?"

瞻子说:"自己不能克制,而强制着不任其自然,这就叫作双重伤损。受到双重伤损的人,是不会长寿的。"

魏公子牟,是个大国的公子,他隐居在岩穴之中,要比布衣之士难以做到;纵然他没有达到"道",也可以说有那么一点意思了。

孔子穷于陈、蔡之间,七日不火食,藜羹不糁①,颜色甚惫,而弦歌于室。

颜回择菜于外②。

子路、子贡相与言,曰:"夫子再逐于鲁,削迹于卫,伐树于宋,今复厄于此③,杀夫子者无罪,藉夫子者无禁;弦歌鼓琴,未尝绝音。君子之无耻也若此乎!"

颜回无以应,入告孔子。

孔子推琴,喟然而叹,曰:"由与赐,细人也;召而来,吾语之!"

子路、子贡入。

子路曰:"如此者,可谓穷矣。"

孔子曰:"是何言也? 君子通于道之谓通,穷于道之谓穷。今丘抱仁义之道,以遭乱世之患,其何穷之为④?故内省而不穷于道,临难而不失其德。大寒既至⑤,霜雪既降,吾是以知松柏之茂也!桓公得之莒,文公得之曹,越王得之会稽⑥。陈、蔡之隘,于丘其幸乎!"

孔子削然反琴⑦而弦歌。

子路抏然执干⑧而舞。

子贡曰:"吾不知天之高也,地之下也!古之得道者,穷亦乐,通亦乐,所乐非穷通也。道德⑨于此,则穷通为寒暑,风雨之序矣。故许由虞于颍阳⑩,而共伯得乎共首⑪。"

【注释】① 藜菜之羹,不加米糁。糁,为"糣"之或体,或作"糂"。糣,以米和羹也。 ②"择菜"下本无"于外"二字。下文"入告孔",当有"于外"二字。 ③"伐树于宋"下本有"穷于商周"句;"今复厄于此",本作"围于陈蔡"。 ④ 为,犹有也。 ⑤"大寒",本作"天寒"。 ⑥"吾是以知松柏之茂也"下本无"桓公得之莒,文公得之曹,越王得之会稽"三句。⑦ 削然反琴,谓徐徐而反其琴也。 ⑧ 抏然,奋舞貌。干,楯也。⑨ 德,当作"得"。 ⑩ 颍阳,地名,在襄阳。 ⑪ 共伯,名和,修其行,好贤人,诸侯皆以为贤。

【译文】孔子周游列国,在陈、蔡两国之间被大军包围了,七天没有吃到熟的食物,藜菜羹里面连个米屑都没有;饿得面黄肌瘦,可是还在屋里弹琴歌唱。

颜回在外面采择野菜。

子路和子贡互相谈论,说:"咱们老师在鲁国两次被驱逐出境,在卫国隐匿行踪,在宋国受过惊,现在又在这里被围;杀掉他的不犯罪名,糟践他的不犯禁令;可是他弹琴歌唱的声音,从没有间断过。君子的无耻是像这样的吗!"

颜回〔在旁边听到〕,没法回答,就进屋去告诉了孔子。

孔子把琴推开，长叹了一声，就对颜回说："仲由和端木赐，都是小人哪！叫他们进来，我和他们谈谈。"

子路和子贡都进来了。

子路对孔子说："像咱们这种样子，可以说是够穷困的了。"

孔子说："你这是什么话呢？君子通达于'道'，叫作通达；穷困于'道'，叫作穷困。现在，我们抱守着仁义之道，而遭到乱世的灾患，怎么能够算是穷困呢？所以，内心自省，并不穷困于道；面临患难，并没有失掉'德'。大寒已经到来，霜雪已经降落，我因而知道松柏树的繁茂不凋啊！〔从前，〕齐桓公成事于出奔莒国，晋文公成事于出奔曹国，越王句践成事于困守会稽。这次被困在陈、蔡两国之间，对我来说，乃是一种幸运啊！"

孔子慢慢地把琴抱在面前，又弹唱起来。

子路奋勇地拿起盾牌也舞蹈起来。

子贡说："我不知道天是高的、地是低的了！古来得'道'的人，穷困也是快乐的，通达也是快乐的，所快乐的并不是由于穷困和通达。把'道'得到身上，穷困和通达只不过像寒暑、风雨的时序罢了。所以，许由在颍阳觉得愉快，共伯在共首怡然自得。"

舜以天下让其友北人无择①。北人无择曰："异哉，后②之为人也！居于畎亩③之中，而游于尧之门！不若是而已，又欲以其辱行漫④我！吾羞见之。"因投于清泠之渊⑤。

【注释】① 北人无择，古隐士也。　② 后，君也。　③ 垄上曰亩，垄中曰畎。　④ 漫，污漫。　⑤ 清泠之渊，或即沧浪之水也。

【译文】大舜要把天下让给他的朋友北人无择。北人无择说:"君王的做人,太离奇了!他本来是居住在农田之间,可是往来于帝尧之门!他这样还不算完,又要用他那种肮脏行为来污辱我!我认为见他是可耻的。"因而就投到清冷之水自尽了。

汤将伐桀,因卞随而谋。卞随曰:"非吾事也。"

汤曰:"孰可?"

曰:"吾不知也。"

汤又因瞀光①而谋。瞀光曰:"非吾事也。"

汤曰:"孰可?"

曰:"吾不知也。"

汤曰:"伊尹如何?"

曰:"强力、忍垢②,吾不知其他也。"

汤遂与伊尹谋伐桀。尅③之,以让卞随。

卞随辞曰:"后之伐桀也,谋乎我,必以我为贼也;胜桀,而让我,必以我为贪也。吾生乎乱世,而无道之人再来漫我以其辱行;吾不忍数闻也。"乃自投洞水而死。

汤又让瞀光,曰:"知者谋之,武者遂之,仁者居之,古之道也。吾子胡不立乎?"

瞀光辞曰:"废上,非义也;杀民,非仁也;人犯其难,我享其利,非廉也④。吾闻之:'非其义者,不受其禄;无道之世,不践其土。'况尊我乎?吾不忍久见也。"乃负石而自沈于庐水。

【注释】① 瞀,本或作"务"。卞随、务光,并怀道之人,隐者也。② 垢,辱也。忍垢,弑君须忍垢也。 ③ 尅、尅,乃"剋"之俗字。借为

"克"。尅,胜也。 ④ 废上,谓放桀也。杀民,谓征战也。犯其难,谓遭诛戮也。我享其利,谓受禄也。

【译文】汤王将要讨伐夏桀,跟卞随去谋划。卞随说:"这不是我的事情。"

汤王问:"我可以跟谁谋划呢?"

卞随说:"我不知道。"

汤王又跟瞀光去谋划。瞀光说:"这不是我的事情。"

汤王问:"我可以跟谁谋划呢?"

瞀光说:"我不知道。"

汤王又问:"伊尹怎么样?"

瞀光说:"伊尹是个坚强有力、含垢忍辱的人,别的我就不知道了。"

汤王去跟伊尹谋划讨伐夏桀。打败了夏桀,要把天下让给卞随。

卞随推辞说:"在讨伐夏桀之前,君王跟我来谋划,必然认为我是个叛贼;战胜夏桀之后,君王要把天下让给我,必然认我是个贪人。我生在乱世,可是无道之人两次用他的肮脏行为来侮辱我;我不能忍受经常听到这种话。"于是他投入洞水自杀了。

汤王又去让位给瞀光,说:"明智之人出谋献策,勇武之人完成任务,仁爱之人登居帝位,这是古来的规律。您何不立为天子呢?"

瞀光推辞说:"废掉君上,不能叫作正义;杀害人民,不能叫作仁慈;别人冒犯危险,自己享受权利,不能叫作廉洁。我听说过:'不义之主,就不接受他的禄位;无道之世,就不踏在他的土地上。'何况是要尊奉我呢？我不能忍受经常看见这种人了。"于是背着石头跳入庐水自尽了。

昔，周之兴，有士二人，处于孤竹，曰伯夷、叔齐①。二人相谓曰："吾闻西方有圣人，似有道者，试往观焉。"

至于岐阳。武王闻之，使叔旦②往见之。与盟曰："加富二等，就官一列③。"血牲而埋之。

二人相视而笑。曰："嘻！异哉！此非吾所谓道也。昔者，神农之有天下也，时祀尽敬，而不祈喜④；其于人也，忠信尽治，而无求焉。乐与政为政，乐与治为治；不以人之坏自成也，不以人之卑自高也，不以遭时自利也。今周见殷之乱，而遽为政；上谋而行货，阻兵而保威⑤，割牲而盟以为信，扬行以悦众，杀伐以要利，是推乱以易暴也。吾闻古之士，遭治世，不避其任；遇乱世，不为苟存。今天下暗，周德衰，其并乎周以涂⑥吾身也，不如避之，以洁吾行。"

二子北至于首阳之山，遂饿而死焉。

若伯夷、叔齐者，其于富贵也，苟可得已，则必不赖；高节戾行，独乐其志，不事于世。此二士之节也。

【注释】① 孤竹国，在辽东令支县界。伯夷、叔齐，其君之子也。② 周公名旦，是武王之弟，故曰叔旦也。 ③ 加禄二级，授官一列。④ 祈，求也。喜，福也。 ⑤ "行货"上本有"下"字。 ⑥ 并，犹依傍也。涂，污也。

【译文】从前，周朝兴起时代，有两位贤士，居住在孤竹国，名字叫伯夷、叔齐。两人互相谈论说："听说西方有位圣人(指文王),好像是个有'道'之人。我们不妨到那里去看看。"

两人到了岐阳。武王(文王已死)听说他俩来了,就派弟弟周公去接见他们。和他俩订立了盟誓说:把他俩"禄加二等,官授一品"。然后用牲血涂在盟书上,把盟书埋在祭坛之下。

他俩互相看了看,就笑了。说:"哈哈!太稀奇了!这不是我们所说的'道'啊!在古代,神农氏执掌天下的时候,按着时令遍祭天地鬼神,恭恭敬敬的,并不是为了祈求福禄;而对于人民,忠忠实实的,尽到治理责任,并不向人民求取什么。人民乐于纠正,就纠正他们;乐于治理,就治理他们;并不利用别人的失败来成全自己,并不利用别人的卑贱来抬高自己,并不适逢时机来自谋私利。现在,周朝看到殷朝大乱,就仓促地要取得政权;崇尚权谋,而施行收买;依靠兵力,而仗恃威权;杀牲盟誓,而昭示信用;显扬自己,而取悦人民;征伐别国,而要求利禄;这便是推行变乱,以暴易暴。我们听说过:古代的贤士,遇到太平之时,不推避责任;遇到大乱之世,不苟且偷生。现在,天下昏暗,周朝德业衰落了,与其依傍周朝而玷污我们的身体,不如躲避了它而纯洁我们的德行。"

两人于是往北逃到首阳山,终于在那里饿死了。

像伯夷、叔齐这样的人,他们对于富贵,确实是能够得到的,可是他们终于没有获取;他们高尚节操,修善德行,独自畅快自己的意志,不过问当世的事务。这便是这两位贤士的节操啊。

七、盗　　跖(三章)

　　孔子与柳下季为友①,柳下季之弟名曰盗跖②。

　　盗跖,从卒九千人,横行天下,侵暴诸侯;穴室,抠③户,驱人牛马,取人妇女;贪得忘亲;不顾父母兄弟,不祭先祖;所过之邑,大国守城,小国入保④。万民苦之。

　　孔子谓柳下季曰:"夫为人父者,必能诏⑤其子;为人兄者,必能教其弟;若父不能诏其子,兄不能教其弟,则无贵父子、兄弟之亲矣。今先生,世之才士也;弟为盗跖,为天下害,而弗能教也。丘窃为先生羞之。丘请为先生往说之。"

　　柳下季曰:"先生言'为人父者,必能诏其子;为人兄者,必能教其弟';若子不听父之诏,弟不受兄之教,虽今先生之辩,将奈之何哉?且跖之为人也,心如涌泉,意如飘风;强足以距敌,辩足以饰非,顺其心则喜,逆其心则怒;易辱人以言。先生必无往!"

　　孔子不听。颜回为驭,子贡为右,往见盗跖。

　　盗跖乃方休卒大山之阳,脍人肝而餔之⑥。

　　孔子下车而前,见谒者,曰:"鲁人孔丘闻将军高义,敬再拜谒者。"

谒者入通。盗跖闻之,大怒,目如明星,发上指冠⑦。曰:"此夫鲁国之巧伪人孔丘非邪? 为我告之:'尔作言造语,妄称文武,冠枝木之冠,带死牛之胁⑧,多辞缪说⑨,不耕而食,不织而衣;摇唇鼓舌,擅生是非,以迷天下之主;使天下学士不反其本,妄作孝弟;而侥幸于封侯富贵者也。子之罪大极重⑩,疾走归! 不然,我将以子之肝益昼铺之膳!'"

孔子复通。曰:"丘得幸于季,愿望履幕下。"

谒者复通。盗跖曰:"使来前!"

孔子趋而进,避席,反走⑪,再拜盗跖。

盗跖大怒,两展其足⑫,案剑⑬,瞋目,声如乳虎。曰:"丘来前! 若所言,顺吾意,则生;逆吾心,则死!"

孔子曰:"丘闻之:凡天下人⑭有三德:生而长大,美妙无双,少长贵贱,见而皆悦之,此上德也;知维天地,能辩诸物,此中德也;勇悍、果敢,聚众率兵,此下德也。凡人有此一德者,足以南面称孤矣。今将军兼此三者,身长九尺⑮二寸,面目有光,唇如激丹⑯,齿如齐贝,音中黄钟,而名曰'盗跖',丘窃为将军耻不取焉。将军有意听臣,臣请南使吴、越,北使齐、鲁,东使宋、卫,西使晋、楚,使为将军造大城数百里,立数十万户之邑,尊将军为诸侯,与天下更始;罢兵休卒,收养昆弟,共⑰祭先祖。此圣人、才士之行,而天下之愿也。"

盗跖大怒。曰:"丘来前! 夫可规以利、而可谏以言者,皆愚陋恒民之谓耳。今长大美好、人见而悦者,此吾父母之遗德也。丘虽不吾誉,吾独不自知邪?且吾闻之:好面誉人者,亦好背而毁之。今丘告我以大城众民,是欲规我以利,而恒民畜我也。安可久长也?城之大者,莫过乎天下矣。尧、舜有天下,子孙无置锥之地;汤、武立为天子,而后世绝灭。非以其利大故邪?

"且吾闻之:古者,禽兽多而人少,于是民皆巢居以避之;昼拾橡栗,暮栖其上,故命之曰有巢氏之民。古者,民不知衣服,夏多积薪,冬则炀之,故命之曰知生之民。神农之世,卧则居居,起则于于⑱;民知其母,不知其父;与麋鹿共处;耕而食,织而衣;无有相害之心。此至德之隆也。然而,黄帝不能致德,与蚩尤战于涿鹿之野,血流百里。尧、舜作,立群臣;汤放其主,武王伐纣。自是以后,以强凌弱,以众暴寡。汤、武以来,皆乱人之徒也。今子修文、武之道,掌天下之辩,以教后世;撊衣、浅带⑲,矫言、伪行,以迷惑天下之主,而欲求富贵焉。盗莫大于子!天下何故不谓子为'盗丘',而乃谓我为'盗跖'?

"子以甘辞说子路,而使从之;使子路去其危冠⑳,解其长剑,而受教于子。天下皆曰'孔丘能止暴禁非'。其卒之也,子路欲杀卫君㉑,而事不成,身菹㉒于卫东门之上。子教子路菹此患,上无以为身,下无以为人㉓。是子教之不至也。

"子自谓才士、圣人邪,则再逐于鲁,削迹于卫,穷于齐,围于陈、蔡,不容身于天下。子之道,岂足贵邪?

"世之所高，莫若黄帝。黄帝尚不能全德，而战于涿鹿之野，血流百里。尧不慈，舜不孝，禹偏枯，汤放其主，武王伐纣，文王拘羑里^㉔，此六子者，世之所高也；孰^㉕论之，皆以利惑其真，而强反其情性，其行乃甚可羞也。

"世之所谓贤士，伯夷、叔齐。伯夷、叔齐辞孤竹之君，而饿死于首阳之山，骨肉不葬。鲍焦饰行，非世，抱木而死^㉖。申徒狄谏而不听，负石自投于河，为鱼鳖所食。介子推，至忠也，自割其股，以食文公；文公后背之，子推怒而去，抱木而燔死^㉗。尾生与女子期于梁下，女子不来，水至，不去，抱梁柱而死。此六子者，无异于磔犬、流豕、操瓢而乞者，皆离名^㉘、轻死，不念本、养寿命者也。

"世之所谓忠臣者，莫若王子比干、伍子胥。子胥沈江，比干剖心。此二子者，世谓忠臣也，然卒为天下笑。

"自以上观之，至于子胥、比干，皆不足贵也。丘之所以说我者，若告我以鬼事，则我不能知也；若告我以人事者，不过此矣。皆吾所闻知也。

"今吾告子以人之情：目欲视色，耳欲听声，口欲察味，志气欲盈。人上寿百岁，中寿八十，下寿六十；除病瘐^㉙、死丧、忧患，其中开口而笑者，一月之中，不过四五日而已矣。天与地无穷，人死者有时。操有时之具，而托于无穷之间，忽然无异骐骥之驰过隙也。不能说其志意、养其寿命者，皆非通道者也。

"丘之所言，皆吾之所弃也。亟^㉚去！走归！无复言之！子之道，狂狂汲汲^㉛，诈巧虚伪事也，非可以全真也。

奚足论哉？"

孔子再拜，趋走，出门，上车，执辔三失，目芒然无见，色若死灰，据轼^㉝低头，不能出气。归到鲁东门外，适遇柳下季。

柳下季曰："今者阙然，数日不见，车马有行色，得微往见跖邪？"

孔子曰："然。"

柳下季曰："跖得无逆汝意若前乎？"

孔子曰："然。丘所谓无病而自灸者也。疾走料虎头，编虎须，几不免虎口哉！"

【注释】① 柳下季，即柳下惠。姓展，名禽，字季，食邑柳下，谓之柳下季；亦言居柳树之下，故以为号。展禽是庄公时，孔子相去百余岁。而言友者，盖寓言也。　② 孔子与柳下惠不同时，柳下惠与盗跖亦不同时。读者勿以寓言为实也。　③ "抠"，本作"枢"。　④ 保，即今之"堡"字。⑤ 诏，教也。　⑥ 饷，食也。　⑦ 指，借为"楂"。楂，柱也。发上指冠，与"怒发冲冠"同义。　⑧ 枝木之冠，冠多华饰，如木之枝繁。胁，肋也。将牛皮用为革带，既润且坚，有如牛肋也。　⑨ 缪，音"谬"。　⑩ 极，当为"殛"。殛，诛也。言罪大而诛重也。　⑪ 反走，小却行也。　⑫ 展，申也。两展其足，伸两脚也。　⑬ 案，当作"按"。　⑭ "天下"本无"人"字。⑮ "九"，本作"八"。　⑯ 激，明也。　⑰ 共，为"龚"省。龚，给也。⑱ 居居，安静之容；于于，自得之貌。　⑲ 陆德明：撞，本又作"缝"。缝衣，大衣也。　⑳ 危，高也。子路好勇，冠如雄鸡形，背负豭牛，用表己强也。　㉑ 卫君，蒯瞆。　㉒ 菹，菹醢。醢，肉酱也。　㉓ "子教子路菹此患，上无以为身，下无以为人"三句，本在下文"不容身于天下"句之下。㉔ 羑里，殷狱名。文王遭纣之难，囚于图圄，凡经七年，方得免脱。㉕ 孰，古"熟"字。　㉖ 姓鲍，名焦，周时隐者也。饰行非世，廉洁自

㉗ 晋文公,重耳也。遭骊姬之难,出奔他国;在路困乏,推割股肉以饴之。公还,三日,封于从者,遂忘子推。子推作《龙蛇之歌》,书其营门,怒而逃。公后惭谢,追子推于介山。子推隐避。公因放火烧山,庶其走出。子推遂抱树而焚死焉。　㉘ 杂名,重名。　㉙ "痎",本作"瘦"。　㉚ 亟,急也。　㉛ 狂狂汲汲,谓孔子急于济世也。　㉜ 轼,车前横木,凭之而坐者也。

【译文】孔子和柳下惠是朋友。柳下惠的弟弟名字叫盗跖。

盗跖,随从着他的徒众有九千人,在天下横行霸道,侵犯诸侯,钻墙挖窟,窥门探户,赶走人家的牛马,掳走人家的妇女;贪图财物,不要亲友;不眷顾父母兄弟,不祭祀先祖;他们所经过的地方,大国就关门守城,小国就逃进城堡。万民因为他们而感到痛苦。

孔子对柳下惠说:"做父亲的,必定能够训诲自己的儿子;做哥哥的,必定能够劝教自己的弟弟。如果父亲不能够训诲自己的儿子,哥哥不能够劝教自己的弟弟,那就不需要父子、兄弟这种亲属关系了。现在,先生是当代的有才之士,弟弟是盗跖,成为天下的祸害,而不能够劝教他。我私下替先生感到羞辱。我愿意替先生去劝说劝说他。"

柳下惠说:"先生说'做父亲的,必定能够训诲自己的儿子,做哥哥的,必定能够劝教自己的弟弟';如果儿子不听从父亲的训诲,弟弟不接受哥哥的劝教,即便像先生这样能说会道,又能拿他怎么样呢? 况且,盗跖这个人,心胸如同涌泉,意向如同暴风;强力足以抵挡敌人,口才足以文饰过错;顺着他的心意,他就喜欢;背着他的心意,他就发怒;他容易用话来污辱人。先生是绝对不能去的啊。"

孔子不听柳下惠的劝告,让颜回驾着车,子贡做下手,前去会见盗跖去了。

盗跖正在泰山南面休养士卒，切着人肝就饭吃呢。

孔子下了车，走向前去，见到传禀的人，说："鲁国人孔丘久仰你们将军的大名，请给我传禀一声。"

传禀的人进去传禀。盗跖一听，就大发雷霆，眼睛瞪得像明星，头发都竖起来顶起帽子。说："这个人是不是鲁国那个巧诈虚伪的人孔子啊？你替我告诉他：'你造作一些虚言谎话，假称说文王、武王的事迹，戴着枝枝杈杈的帽子，扎着死牛皮做的腰带，嘴里念念有辞，胡说八道；自己不种地，就吃饭；自己不织布，就穿衣；鼓动唇舌，搬弄是非，来迷惑天下的君主；使天下的学士，不能返还到本元，而狂妄地立出孝悌之道；利用这个来希图获得封侯、取得富贵啊。你这罪大恶极的东西，赶紧给我滚回去！不然的话，我要把你的肝添作今天的饭菜！'"

孔子仍就让传禀的人去传禀，说："我得到柳下惠的引进，希望在将军的幕下见到一面。"

传禀的人又进去传禀。盗跖说："让他到前面来！"

孔子赶紧走进来，不敢近前，倒退了几步，向盗跖拜了两拜。

盗跖怒火冲天，叉开两只脚，扶着剑，瞪着眼，声音好像小老虎一般。说："孔丘！你到前面来！你所说的话，如果顺从我的心意，你还可以活；如果背反我的心意，我就要你一死！"

孔子说："我听说过：天下人有三种才德：生下来又高又大，美妙无比，无论什么样的人，所有见到他的，全都喜欢他，这是上等的才德；智慧足以维系天地，能力足以分辨事物，这是中等的才德；勇猛果敢，能够集聚群众，统率大军，这是下等的才德。大凡人只要有这样一种才德的，就足以南面称王。现在，将军兼有这三种才德，身高九尺二寸，满面红光，两眼有神，嘴唇如同明亮的丹砂，牙齿如同整齐的贝壳，声音合乎黄钟之声；可是名字却叫'盗跖'，我私下认为将军是以这个为可耻而不想求取这个名称的。将军如果有意听取臣仆的劝告，臣仆情愿为将军向南方出使吴国、越国，向北方出使齐国、鲁国，向东方出使宋国、卫国，向西方出使晋国、楚国，让他们为将军修造起一座方圆几百里的大城，建立起一个几十万户的大国，推崇将军为诸侯，和天下各国共同更换一个新的时代；让将军的士兵休息休息，把将军的兄弟们都收养起来，要回去祭祀自己的先祖。这便是圣人、才士的行为，同时也是天下人民的愿望。"

盗跖勃然震怒，说："孔丘！你到前面来！那可以用利禄规劝，可以用言辞谏诤的人，都叫作愚陋的平常人。要知道，又高又大，美好无比，人们见了都喜欢，这是我父母留下的德泽。你纵然不这样夸奖我，我难道自己就不知道吗？我听说过：喜欢当面夸奖人的人，也喜欢背后毁谤人。现在，你告诉我要建设大城，收抚众民，这是想着用利禄来规劝我，把我当作一个平常人畜养起来。这怎么能够享受长久呢？最大的城市，没有比天下这座城市再大的了。唐尧、虞舜虽然享有天下，可是子孙们并没有一点点的地盘；汤王、武王虽然做过天子，可是后辈也都灭绝了。不正是因为他们利禄太大的缘故吗？

"并且，我听说过：在上古时代，天下禽兽很多，人民很少，因而人民都在树上居住，来躲避它们；白天在树林里拾橡子、栗子；夜间住在树上，所以把他们叫作有巢氏时代的人民。在上古时代，人民不知道穿衣服，夏天，他们多积蓄一些柴草，冬天，就用它来烤火，所以把他们叫作知道生存的人民。在神农氏时代，人们躺着是无思无虑的，起来是无识无知的；人们只知道谁是自己的母亲,并不知道谁是自己的父亲;他们和麋鹿一类的走兽共处;他们种了地来吃饭,织了布来穿衣;都没有互相残害的心意。这是道德最隆盛的时代。然而,到黄帝时代,他并不能以德服人,就和蚩尤在涿鹿的郊野打起仗来,杀伤惨重,人血流出一百里地远。唐尧、虞舜兴起后,就设置百官;汤王放逐了他的君主夏桀,武王讨伐了他的君主殷纣。从此以后,人民都是以强盛的欺凌弱小的,以多数的侵略少数的。汤王、武王之后,都是祸乱人民的一帮人了。现在,你修治文王、武王的道术,掌握天下的言论,来教诲后世;穿着长袍大袖的衣服,扎着宽宽的腰带,言辞矫辩,行为虚伪,来迷惑天下的君主,藉着这个来求取荣华富贵。贼盗没有比您再大的了。天下人为什么不把您叫作'盗丘',却把我叫作'盗跖'呢?

"您用甜言蜜语劝说子路,让他听从您;让子路摘掉他的高冠,解下他的长剑,跟着您去学习。天下人都说孔丘能够阻止强暴,禁除过恶。可是结果呢,子路想着杀掉卫国的昏君(蒯聩),事情没有成功,身体却在卫国东门之上被剁成了肉酱。您教子路受到这种灾祸,在上说,不能保身,在下说,不能做人。这便是您的教诲所预料不到的。

"您自称是才士、圣人吧,可是您在鲁国两次被驱逐,在卫国不许居留,在齐国遭过穷困,在陈、蔡两国之间被包围,天下没有您容身之地。您的道术,哪里称得上可贵的呢?

"世俗所推崇的人,没有比得上黄帝的了。黄帝还不能够用纯全德性感化别人,却在涿鹿的郊野和蚩尤大战一场,杀伤惨重,人血流出一百里地远。帝尧不慈爱自己的儿子,大舜不孝顺自己的父母,大禹喜欢喝酒,汤王放逐了他的君主夏桀,武王讨伐了他的君主殷纣,文王被纣王囚禁在牢狱之中。这六个人,都是世俗所推崇的;详审地讨论一下,他们都是被利禄迷惑了自己的本真,而强烈地违反了自己的情性,他们的行为都是非常可耻的。

"世俗所谓贤士,都称说伯夷、叔齐。伯夷、叔齐推让孤竹国的君位,而饿死在首阳山上,没有人葬埋他们的骨肉。鲍焦整饬行为,看不惯俗世,抱着大树而死去。申徒狄谏诤国王,不被采纳,自己背着石头,投江,被鱼鳖吃掉。介子推是个最忠心的臣子,割下自己大腿肉给晋文公吃;晋文公后来把他忘掉,他便愤怒出走,抱着大树被大火烧死。尾生和一个女子在桥下相会,那个女子没有来,大水来了,他还不肯走,就抱着桥柱被大水淹死。这六个人,和陈列尸体的死狗,顺水漂流的死猪,端着破瓢讨饭的乞丐没有什么不同,都是贪图虚名、轻于死亡、不思念本元、不保养寿命的人啊。

"世俗所谓忠臣,没有比得上王子比干、伍子胥的。伍子胥被沉没在大江里,王子比干被挖了心。这两个人,世俗都把他们称作忠臣,然而结果还是被天下人所嗤笑。

"从以上这些人来看,一直到伍子胥、王子比干,都没有什么可贵的地方。你所用来劝说我的,如果告诉我一些鬼神的事情,我还不大知道;如果告诉我一些人间的事情,也不外乎这些东西了。这都是我所听到过的事情。

"现在,我告诉给您人的实情:眼睛喜欢看好看的颜色,耳朵喜欢听好听的声音,嘴喜欢品评五味,志气喜欢得到满足。人的上寿是一百岁,中寿是八十岁,下寿是六十岁;除去生病、死亡、发愁以外,在这中间能够张着嘴欢笑的时候,在一月之中,也只不过四五天罢了。天地是永远没有穷尽的,人的死亡总有一定的时限。掌握着有一定时限的躯壳,而寄托在永远没有穷尽的境域之中,忽地一下子就和骏马跑过墙缝没有什么区别。不能愉快自己意志、保养自己寿命的人,都不是明通大道的人啊。

"你所说的这些话,都是我所抛弃的。赶快滚开! 回去! 不要再往下说了! 您的道术,汲汲惶惶地去救济世界,无非是诈巧虚伪的勾当,并不足以保全真性。还有什么可谈论的呢?"

孔子拜了两拜,赶紧走开,出了门,上了车,手牵着马的缰绳丢掉了三次,眼睛迷迷茫茫的,什么也看不见,脸色就如同死灰一般,扶着车前横木,低着头,连气都喘不上来。回到鲁国东门外,恰巧遇见了柳下惠。

柳下惠对孔子说:"今天闲暇无事,好多天没有见面,您的车马有外出过的样子,莫非是去见盗跖去了?"

孔子说:"是的。"

柳下惠说:"盗跖莫非触逆您的心意,就像我从前和您说的那样呢?"

孔子说:"是的。我简直就是所谓没有病而自己灸病的人。就如同紧赶着去摸老虎的头,捋老虎的胡须,几乎没有逃出虎口啊!"

子张问满苟得①曰:"盍为行②? 无行,则不信;不信,则不任;不任,则不利。故观之名,计之利,而义真是也;若弃名利,反③之于心。则夫士之为行,不可一日不为乎!"

满苟得曰:"无耻者富,多信者显。夫名利之大者,几在无耻而信。故观之名，计之利，而信真是也；若弃名利，反之于心。则夫士之为行，抱其天乎！”

子张曰：“昔者，桀、纣贵为天子，富有天下；今谓臧聚④曰：‘汝行如桀、纣’，则有怍色、有不服之心者，小人所贱也。仲尼、墨翟，穷为匹夫；今谓宰相曰：‘子行如仲尼、墨翟’，则变容易色、称不足者，士诚贵也。故势为天子，未必贵也；穷为匹夫，未必贱也。贵贱之分，在行之美恶。”

满苟得曰：“小盗者拘，大盗者为诸侯。诸侯之门，义士存焉。昔者，桓公小白杀兄、入嫂⑤，而管仲为臣；田成子杀君盗国，而孔子受币⑥。论则贱之，行则下之，则是言行之情悖战于胸中也。不亦拂⑦乎？故书曰：‘孰恶？孰美？成者为首，不成者为尾。’”

子张曰：“子不为行，即将疏戚无伦，贵贱无义，长幼无序；五纪、六位⑧，将何以为别乎？”

满苟得曰：“尧杀长子，舜流母弟⑨，疏戚有伦乎？汤放桀，武王伐纣，贵贱有义乎？王季为适⑩，周公杀兄⑪，长幼有序乎？儒者伪辞，墨者兼爱，五纪、六位，将有别乎？且子正为名，我正为利，名利之实，不顺于理，不监于道。吾日与子讼于无约⑫。”

曰：“小人殉财，君子殉名；斯所以变其情，易其性，则异矣；乃至于弃其所为，而殉其所不为，则一也。故曰：‘无为小人，反殉而⑬天；无为君子，从天之理。若枉若直，相而天极⑭，面观四方，与时消息⑮；若是若非，执而圆机,独行而意,与道徘徊⑯。无转而行⑰,无成而义,将失而所为;无赴而富,无殉而成,将弃而天性。'比干剖心,子胥抉眼⑱,忠之祸也;直躬证父,尾生溺死,信之患也;鲍子立干⑲,申子自埋⑳,廉之害也;仲子不见母㉑,匡子不见父㉒,义之失也。此上世之所传,下世之所语;以为士者正其言,必其行,故服其殃,离其患也。"

【注释】① 子张,孔子弟子也;姓颛孙,名师,字子张,行圣迹之人也,满苟得,假托为姓名,曰:苟且贪得,以满其心;求利之人也。 ② 盍,何不也。"盍为行"本作"盍不为行"。 ③ 反,乖逆也。 ④ 臧,谓臧获。臧、获,皆仆隶贱役,故并举之。 ⑤ 入嫂,以嫂为家室。 ⑥《淮南子·说山》篇作"田成子恒"。 ⑦ 拂,戾也。 ⑧ 五纪,即五伦也。六位,即六纪也。六纪者,谓诸父、兄弟、族人、诸舅、师长、朋友也。 ⑨ 流,放也。 ⑩ 王季,周太王之庶子季历,即文王之父也。太伯、仲雍让位,不立,故以小儿季历为适。 ⑪ 管、蔡,周公之兄,泣而诛之。 ⑫ 曰,本作"日",难通,当为"曰"之误字。无约,人名。 ⑬ 而,尔也。 ⑭ 成玄英:天极,自然之道。 ⑮ 消息,犹变化也,推移也。 ⑯ 徘徊,犹转变意也。圆机,犹环中也。执于环中之道,以应是非;周于独化之心,以成其意,故能冥其虚通之理,转变无穷也 ⑰ 转,读为"专"。无专而行,犹言无一而行也。 ⑱ 子胥忠谏夫差,夫差杀之。 ⑲ 鲍焦廉贞,遭子贡讥之,抱树立,干而死。 ⑳ "申子自埋",本作"胜子自理"。 ㉑ "仲子不见母",本作"孔子不见母"。 ㉒ 匡子,名章,齐人;为父所逐,终身不见父。

【译文】子张问满苟得说:"你为什么不修德行呢? 没有德行,就不能取信于人;不能取信于人,就不能受到任用;不能受到任用,就没有利禄。所以,注视到名,计算到利,便是符合真理;如果抛弃了名利,便是违反人心。由此可见,士儒对于德行,是不可以一天不修的啊!"

满苟得说:"没有羞耻的人容易致富,多受信任的人容易显达。那名利大的人,几乎都是由于没有羞耻和受到信任。所以,注视到名,计算到利,便是信从真理;如果抛弃了名利,便是违反人心。由此可见,士儒对于德行,是要抱守着自己的本性啊!"

子张又说:"从前,夏桀、殷纣尊贵而成为天子,豪富得有了天下,现在,有人对奴婢们说,'你的行为如同夏桀、殷纣一样',他们就表现出惭愧的面色,表现出不服的心意,这是因为小人都卑贱他们。孔子、墨子穷困得成为一个平民,现在,有人对宰相们说,'您的行为如同孔子、墨子一样',他们就改变了面色,说自己配不上,这是因为士儒实在是可贵的。所以,有威权而作为天子,未必就是高贵;受穷困而作为平民,未必就是卑贱。高贵和卑贱的分别,在于行为的善恶。"

满苟得又说:"小贼盗就被拘押起来,大贼盗就成为诸侯;诸侯的门里,是存在着正义的。从前,齐桓公杀了哥哥,娶了嫂嫂,可是管仲还做他的宰相;田成子杀了国君,盗取了国家,可是孔子还接受他的聘礼。在言论上往往鄙视他,在行为上往往屈从他,这便是言论和行为在内心不相融洽。不也违背事理吗?所以,古书上说:'什么是恶?什么是善?成功了就成为首脑,不成功就成为尾巴。'"

子张又说:"您如果不修德行,就要在亲疏之间失去了理性,在贵贱之间失去了正义,在长幼之间失去了秩序;所谓五伦、六纪这些关系,要凭什么去区别呢?"

满苟得又说:"帝尧杀掉了长子,大舜放逐了胞弟,这能说亲疏之间有理性吗?汤王放逐了夏桀,武王讨伐了殷纣,这能说贵贱之间有正义吗?王季作了嫡子,周公杀了哥哥,这能说长幼之间有秩序吗？儒家巧立言辞，墨家兼爱众人，所谓五伦、六纪这些关系，还有什么区别吗？况且，您正在图名，我正在图利，名利的实情，不顺通理性，又不明见大道。我就和您一同到无约那里去争辩吧。"

〔他俩见到无约，〕无约对他俩说："小人追求财富，君子追求声名；他们的所以改变自己的真实，移动自己的本性，是有所区别的；然而，至于抛弃了自己所应当做的，而追求自己所不应当做的，却是完全一致的。所以说：'不要成为小人，要反身追求自己的本然；不要成为君子，要顺从本然的理性。无论是枉曲，无论是正直，要注意自己本然的准则，要照顾到四面八方，要随着不同时间而有所变化；无论是是，无论是非，要执守着自己圆通的机变，要主动执行自己的意志，要和大道共同进退。不要专主自己的行动，不要认为自己都正确，否则就会败坏了自己的事业；不要追求自己的财富，不要追求自己的成功，否则就会抛弃了自己的天性。'比干被挖了心，伍子胥被剜了眼，这都是由于忠心所造成的祸孽；直躬证明自己的父亲是贼盗，尾生淹死在桥梁之下，这都是由于诚实所造成的灾患；鲍焦抱着大树干死，申徒狄自己沈埋在河里，这都是由于清廉所造成的危害；陈仲子不见自己的母亲，匡章不见自己的父亲，这都是由于正义的过失。这些都是古代所流传的、后世所谈论的事实；因为士儒端正自己的言论，固执自己的行为，所以要受到这种灾殃，遭到这种祸患。"

无足问于知和①曰："人卒未有不兴名就利者。彼富，则人归之；归，则下之；下，则贵之。夫见下贵者，所以长生、安体、乐意之道也。今子独无意焉。知不足邪？意知力不能行邪？故推正不忘邪？"

知和曰："今夫此人②，以为为己同时而生，同乡而处者，以为夫绝俗过世之士焉；是专无主正，所以览古今之时、是非之分也。与俗化世，去至重，弃至尊③，以为其所为也；此其所以论长生、安体、乐意之道，不亦远乎？惨怛之疾，恬愉之安④，不监于体；怵惕之恐，欣欢之喜，不监于心；知为为，而不知所以为。是以贵为天子，富有天下，而不免于患也。"

无足曰："夫富贵之人，无所不利；穷美，究势，至人之所不得逮，贤人之所不能及；侠人之勇力，而以为威强；秉人之知谋，以为明察；因人之德，以为贤良；非享国，而严若君父。且夫声色、滋味、权势之于人，心不待学而乐之，体不待象而安之。夫欲恶、避就，固不待师。此人之性也。天下虽非我，孰能辞之？"

知和曰："知者之为故，动以百姓，不违其度，是以足而不争。无以为，故不求。不足，故求之，争四处，而不自以为贪；有余，故辞之，弃天下，而不自以为廉。贪廉之实，非以迫外也，反监之度。势为天下，而不以贵骄人；富有天下，而不以财戏⑤人。计其患，虑其反，以为害于性，故辞而不受也，非以要名誉也。尧、舜为帝而推⑥，非仁天下也，不以美害生也；善卷、许由得帝而不受，非虚辞让也，不以事害己也⑦。此皆就其利，辞其害，而天下称贤焉；则可以有之，彼非以兴名誉也。"

无足曰："必持其名，苦体绝甘，约养以持生，则亦久病长阨而不死者也。"

知和曰:"平为福,有余为害者,物莫不然,而财其甚者也。今富人,耳营钟鼓管籥之音,口嗛⑧刍豢醪醴之味,以感其意⑨,遗忘其业,可谓乱矣。侅溺于冯气⑩,若负重行而上也,可谓苦矣。贪财而取慰⑪,贪权而取竭,静居则溺,体泽则冯,可谓疾矣。为欲富就利,故满若堵耳⑫,而不知避,且冯而不舍,可谓辱矣。财积而无用,服膺⑬而不舍,满心戚醮,求益而不止,可谓忧矣。内则疑劫请之贼⑭,外则畏寇盗之害;内周楼疏⑮,外不敢独行,可谓畏矣。此六者,天下之至害也,皆遗忘而不知察;及其患至,求尽性竭财,单以反一日之无故,而不可得也。故观之名,则不见;求之利,则不得。缭意绝体⑯而争此,不亦惑乎?"

【注释】① 无足,谓贪婪之人,不止足者也。知和,谓体知中和之道,守分清廉之人也。 ② 此人,谓富贵之人也。 ③ 至重,生也;至尊,道也。 ④ 惨怛,悲也。恬愉,乐也。 ⑤ 戏,娱玩。 ⑥ "推",本作"雍"。 ⑦ "害己"下本无"也"字。 ⑧ 嗛,称适也。 ⑨ 感,通"撼",今作"撼"。 ⑩ 冯气,盛气也。 ⑪ 慰,古训"怨"。贪财而取慰,犹言"放于利而行,多怨"。 ⑫ 按:堵,通"杜",均借为"斁"。 ⑬ 膺,胸也。服膺,谓佩于胸前也。 ⑭ 疑,恐也。请,求也。 ⑮ 疏,窗。 ⑯ "缭意绝体",本作"缭意体",无"绝"字。

【译文】无足问知和说:"所有的人没有不尊尚声名、趋就利禄的。谁要富有,人们就归向他;归向他,就得对他表示谦下;对他表示谦下,就得尊贵他。这样被人谦下而尊贵,便是长寿、安身、快意的根由。可是您独独地对这个没有兴趣。是您的明智不足呢,还是您知道这种道理而能力达不到呢？难道您是推崇正义而不肯忘失吗？"

知和说："现在有这么个〔富贵之〕人,有的人因为他和自己是生在同一个时辰,住在同一个村庄,就认为他是超绝世俗之士;这是他独自没有主见,就用这个去观察古今的时代和是非的分辨。和世俗相交接,被世俗所移动,放弃自己所最重要的(生命),抛弃自己所最尊贵的(道德),去做自己所要做的事情;用这个来谈论长寿、安身、快意的道术,不也距离太远了吗？悲痛的疾苦,愉快的安适,不明于外体;警惕的恐惧,欢欣的喜乐,不明于内心;知道去有所作为,而不知道为什么要去作为。所以,尊贵得做了天子,富有得有了天下,也是不免要遭到灾患的。"

无足说："那富贵之人,无处不追求利禄:穷究美好,施展势力,圣人不能赶上他,贤人不能追上他;他挟持着别人的勇力,作为自己的威风强大;把握着别人的智慧谋略,作为自己的明察;依靠别人的德泽,作为自己的贤良;并非享有国家,可是尊严得如同君父一样。况且,声色、滋味、权势这些外物对于人来说,人们内心不等到学习,就都喜爱它;身体不等待仿效,就都安于它。这种喜爱和憎恶、避讳和趋就,本来都不等待老师教。这是人的天性。天下虽然非议我,可是谁能够辞让这些外物呢？"

知和说："明智的人做事,动用百姓,并不违背法度,所以百姓富足,而不相争夺。不为什么而去作为,所以没有什么企求。不富足,所以就要求取,纵然四处争夺,可是自己并不以为这是贪婪;有了富余,所以就要推让,纵然放弃了天下,可是自己并不以为这是廉洁。贪婪和廉洁的实际,并不是由于外物的逼迫,而是要反身用法度来衡量自己。威风得做了天子,可是并不用尊贵来骄傲人;富有得有了天下,可是并不用财货来玩弄人。计算着其中的祸患,顾虑着其中的报应,以为这个对于本性有害,所以就推让不接受,并不是为的沽名钓誉。帝尧、大舜做皇帝,他们都要推让,他们并不是仁爱天下,而是不用美名来伤害本性。善卷、许由得到帝位但不接受,他们并不是虚伪推让,而是不用事物来扰害自己。这都是趋就有利,辞却有害,因而天下都称说他们贤明;所以,他们可以有这种名誉,而不是求取名誉。"

无足说:"必定要持守自己的名誉,艰苦自己的身体,弃绝甘美的滋味,简约自己的供养,来摄持自己的生命,这也是久病缠身而不致死亡的人。"

知和说:"平安就是福禄,有余就是祸害,所有的事物都是如此,而财货是其中最突出的一项。现在富有的人,耳朵营求钟鼓管籥的声音,嘴里饱尝鱼肉酒浆的滋味,因而动摇自己的意志,而遗忘自己的事业,这可以叫作是昏乱了。被自己的盛气所阻塞和压抑,就如同背着沉重的东西往高处走一样,这可以叫作是苦痛了。贪图财货,而取得怨怒;贪图威权,而得到失败;闲居无事,就沉溺了志气;身体光润,就助长了气势;这可以叫作是病患了。为了追求富有,趋就利禄,因而满盈得像杜塞了耳朵一样,也不知道避讳,而且凭依不舍,这可以叫作是耻辱了。积聚财货,而不去利用,揽在怀里,而不肯放弃;满心焦愁,还是增益不休,这可以叫作是愁苦了。在家里恐怕有抢劫或借贷的损失,在外边恐怕有强盗的患害;在家里房舍四周守备得非常严密,在外边不敢自己走路;这可以叫作是害怕了。这六项,都是天下最大的祸害,可是人们都把它们忘掉了,并不知道注意;等到祸患到来,再求着穷究本性,散尽财货,只求着返回到一天之间没有事故,也不可能了。因而,再想顾虑名誉,已经看不见了;再想着追求财货,已经做不到了。纠缠心神、灭绝身体地去争取这些外物,不也是一种迷惑吗?"

八、说　　剑(一章)

　　昔赵文王①喜剑,剑士夹门,而客三千余人;日夜相击于前,死伤者岁百余人,好之不厌。如是三年,国衰,诸侯谋之。

　　太子悝②患之,募左右,曰:"孰能说王之意,止剑士者,赐之千金。"

　　左右曰:"庄子当能。"

　　太子乃使人以千金奉庄子。庄子弗受,与使者俱往见太子。曰:"太子何以教周,赐周千金?"

　　太子曰:"闻夫子明圣,谨奉千金,以币从者③;夫子不受,悝尚何敢言?"

　　庄子说:"闻太子所欲用周者,欲绝王之喜好也。使臣上说大王,而逆王意,下不当太子,则身刑而死,周尚安所事金乎?使臣上说大王,下当太子,赵国何求而不得也?"

　　太子曰:"然。吾王所见唯剑士也。"

　　庄子曰:"诺,周善为剑。"

　　太子曰:"然吾王所见剑士,皆蓬头,突鬓④,垂冠,曼胡之缨⑤,短后衣,瞋目而语难⑥。王乃说之。今夫子必儒服而见王,事必大逆。"

庄子曰:"请治剑服。"

治剑服。三日,乃见太子。

太子乃与见王。王脱白刃待之。

庄子入殿门,不趋;见王,不拜。

王曰:"子欲何以教寡人,使太子先?"

曰:"臣闻大王喜剑,故以剑见王。"

王曰:"子之剑,何能禁制?"

曰:"臣之剑,十步一人,千里不留行。"

王大悦之,曰:"天下无敌矣。"

庄子曰:"夫为剑者,示之以虚,开之以利,后之以发,先之以至。愿得试之。"

王曰:"夫子休,就舍,待命,令设戏,请夫子。"

王乃校⑦剑士,七日,死伤者六十余人,得五六人,使奉剑于殿下。乃召庄子。

王曰:"今日试使士敦剑。"

庄子曰:"望之久矣。"

王曰:"夫子所御杖⑧,长短何如?"

曰:"臣之所奉,皆可。然臣有三剑,唯王所用,请先言而后试。"

王曰:"愿闻三剑。"

曰:"有天子剑,有诸侯剑,有庶人剑。"

王曰:"天子之剑何如?"

曰："天子之剑，以燕谿、石城为锋⑨，齐岱为锷⑩，晋、卫⑪为脊，周、宋为镡⑫，韩、魏为夹⑬；包以四夷，裹以四时，绕以渤海，带以常山⑭，制以五行，论⑮以刑德，开以阴阳，持以春夏，行以秋冬；此剑直之无前，举之无上，案之无下，运之无旁；上决浮云，下绝地纪⑯；此剑一用，匡诸侯，天下服矣。此天子之剑也。"

文王芒然自失，曰："诸侯之剑何如？"

曰："诸侯之剑，以知勇士为锋，以清廉士为锷，以贤良士为脊，以忠圣士为镡，以豪桀士为夹，此剑直之亦无前，举之亦无上，案之亦无下，运之亦无旁；上法圆天，以顺三光；下法方地，以顺四时；中和民意，以安四乡⑰；此剑一用，如雷霆之震也，四封之内，无不宾服，而听从君命者矣。此诸侯之剑也。"

王曰："庶人之剑何如？"

曰："庶人之剑，蓬头，突鬓，垂冠，曼胡之缨，短后之衣，瞋目而难语；相击于前，上斩颈领，下决肝肺。此庶人之剑，无异于斗鸡，一旦命已绝矣。无所用于国事。——今大王有天子之位，而好庶人之剑。臣窃为大王薄之。"

王乃牵而上殿。宰人上食，王三环之⑱。

庄子曰："大王安坐定气，剑事已毕矣。"

于是，文王不出宫，三月，剑士皆服毙其处也。

【注释】①赵文王，惠文王也，名何，武灵王子。 ②悝，太子名。 ③币从者，犹言赠从者也。 ④蓬头，发乱如蓬。突鬓，鬓毛突出。 ⑤曼胡之缨，谓冠系盘结颈项之间。 ⑥瞋目，怒眼，勇者之容；愤然实胸，故语声难涩。　⑦ 校,考校,取其胜者也。　⑧ 御,用也。　⑨ 燕谿,地名,在燕国。石城,在塞外。　⑩ 锷,剑刃也。　⑪ "晋卫",本作"晋魏"。⑫ 镡,谓剑环也。　⑬ 夹,把也。　⑭ 常山,北岳也,谓恒山。　⑮ 按:论,通"纶"。　⑯ 马叙伦:纪,借为"基"。　⑰ 四乡,犹四方也。⑱ 环,绕也。

【译文】从前,赵文王喜好剑术,剑士站在大门两侧,养着剑客三千多人;他们昼夜在国王面前击剑,一年要死伤一百多人,但文王喜好剑术,不觉厌倦。这样三年,国势衰弱,各国诸侯都想来侵略它。

太子悝对这桩事情很担心,就征求身边左右的人,说:"谁能够劝说得国王回心转意,停止收养剑士的,我就赏赐他一千两金子。"

身边左右的人说:"庄子必定能够。"

太子于是派使者带着一千两金子奉送给庄子。庄子没有接受,就和使者一同来见太子。庄子对太子说:"太子有什么事情指教我,要送给我一千两金子?"

太子说:"我听说先生明达圣智,恭恭敬敬地奉送一千两金子,作为随从的费用;可是先生不肯接受,我还敢说什么呢?"

庄子说:"我听说太子所以要起用我,是为了要断绝赵王的喜好。假使,在上说,我劝说赵王,违反了赵王的意旨;在下说,也不合太子的心愿;我的身体将要受刑而死,我还用得着什么金子呢? 假使,在上说,我说服了国王;在下说,也合乎太子的心愿;我想在赵国要求什么不行呢?"

太子说:"是的。我们赵王所接见的都是些剑士啊。"

庄子说:"好吧。我善于使剑。"

太子说:"可是,我们赵王所见到的剑士,都是蓬散着头发,倒梳着鬓毛,戴着瓶式的帽子,帽缨盘结在下巴下面,穿着后身短小的衣服,急瞪着眼睛,不爱和人说话。国王这才喜欢他。现在,先生穿着儒服去见国王,这必然会大大地违反了国王的意旨。"

庄子说:"请给我准备剑服。"

太子为庄子准备了剑服。三天之后,庄子就穿着剑服去见太子。

太子陪同庄子去见国王。国王把宝剑脱出剑鞘,露出白刃,正等待着庄子。

庄子进入宫门,并不放快脚步;见到国王,并不下拜。

赵文王问庄子说:"您想用什么见教寡人呢,使得太子做了您的向导?"

庄子说:"臣仆听说大王喜好剑术,所以就凭着我的剑术来觐见大王。"

赵文王说:"您的剑术,能够制止什么呢?"

庄子说:"臣仆的剑术,十步杀一个人,一行千里,砍杀不停。"

赵文王听了,非常高兴,说:"这就在天下没有对手了。"

庄子说:"那善于使剑的人,要用空虚无备暗示对方,要用有利可乘引诱对方;后于对方发出,先于对方到达。我愿意找得机会和大王试剑。"

赵文王说:"先生休息休息,暂且到馆舍里,等候命令;我命令他们作好对剑的准备工作,再请先生。"

赵文王于是考校剑士,考校了七天,剑士死伤了六十多人,选拔出来了五六个人,教他们捧着剑到殿下等候着。这才去召唤庄子。

赵文王对庄子说:"今天试使剑士们对剑。"

庄子说:"我盼望很久了。"

赵文王又问庄子说:"先生所拿的武器,长短怎么样?"

庄子说:"臣仆所使用的,长的短的都可以。可是,臣仆有三种剑,大王喜欢用哪种就用哪种。我请求先谈谈,然后再使用。"

赵文王说:"我愿意听听这三种剑。"

庄子说:"有天子剑,有诸侯剑,有平民剑。"

赵文王问:"天子剑是什么样的呢?"

庄子说:"天子之剑,是燕谿、石城作为剑锋,把齐国、代国作为剑刃,把晋国、卫国作为剑背,把周国、宋国作为剑环,把韩国、魏国作为剑把,用四夷包围着,用四时裹藏着,用渤海环绕着,用恒山缠束着,用五常制衡着,用刑罚和道德缠裹着,用阴阳开导着,用春夏持守着,用秋冬运行着;这种剑,竖起来,没有比它靠前的;举起来,没有比它高的;按下去,没有比它低的;运用起来,没有比它广阔的;在上说,它可以开散浮云;在下说,可以穿过地基;这种剑如果一使用,就可以匡正诸侯、威服天下。这便是天子之剑。"

赵文王迷迷茫茫地感到手足无措,就问:"那诸侯之剑是什么样的呢?"

庄子说:"那诸侯之剑,用智勇之士作为剑锋,用清廉之士作为剑刃,用贤良之士作为剑背,用忠圣之士作为剑环,用豪杰之士作为剑把;这口剑,竖起来,也是没有比它靠前的;举起来,也是没有比它高的;按下去,也是没有比它低的;运用起来,也是没有比它广阔的;在上说,它效法圆运的天道,顺从三光;在下说,它效法方静的地道,安抚四方;这种剑如果一使用,就如同雷霆的震动,四境之内,没有不宾服的,都听从君王的命令了。这便是诸侯之剑。"

赵文王又问:"那平民之剑是什么样的呢?"

庄子说:"那平民之剑,剑士都蓬散着头发,倒梳着鬓毛,戴着瓶式的帽子,帽缨盘结在下巴下面,穿着后身短小的衣服,急瞪着眼睛,不爱和别人说话;在人前互相砍杀,上面斩断了脖颈,下面流出了肝肺。这种平民之剑,和斗鸡没有什么不同,一旦用就断送了生命。这对于国家大事并没有什么用处。——现在,大王享有天子之位,可是喜好平民之剑。臣仆私自替大王感到微不足道了。"

赵文王于是拉着庄子的手一起登上殿去。厨师摆上筵席,赵王围着筵席转了三遭。

庄子对赵文王说:"大王请安然就座,静定气息,关于剑术的事情,臣仆已经陈奏完毕了。"

从此,赵文王不出宫殿,三个月之后,剑士们都横躺竖卧地死在对剑的地方了。

九、渔　　父(一章)

　　孔子游乎缁帷之林①,休坐乎杏坛之上。弟子读书,孔子弦歌、鼓琴。

　　奏曲未半,有渔父者,下船而来;须眉交②白,披发、揄袂③;行原以上,距④陆而止;左手据膝,右手持颐,以听。曲终,而招子贡、子路二人俱对。

　　客指孔子曰:"彼何为者也?"

　　子路对曰:"鲁之君子也。"

　　客问其族。

　　子路对曰:"族孔氏。"

　　客曰:"孔氏者,何治也?"

　　子路未应。

　　子贡对曰:"孔氏者,性服忠信,身行仁义,饰礼乐,选人伦;上以忠于世主,下以化于齐民⑤,将以利天下。此孔氏之所治也。"

　　又问曰:"有土之君与?"

　　子贡曰:"非也。"

　　"侯王之佐与?"

子贡曰："非也。"

客乃笑，而还行。言曰："仁则仁矣，恐不免其身；苦心，劳形，以危其真。呜呼！远哉！其分⑥于道也！"

子贡还，报孔子。

孔子推琴而起。曰："其圣人与！"

乃下求之。

至于泽畔，方将杖拏⑦而引其船；顾见孔子，还乡而立。孔子反走，再拜而进。

客曰："子将何求？"

孔子曰："曩者，先生有绪言⑧而去。丘不肖，不知何谓；窃待于下风，幸闻咳唾之音，以卒相丘也。"

客曰："嘻！甚矣，子之好学也！"

孔子再拜而起。曰："丘，少而修学，以至于今，六十九岁矣，无所得闻至教，敢不虚心？"

客曰："同类相从，同声相应，固天之理也。吾请释吾之所有，而经子之所以。子之所以者，人事也。天子、诸侯、大夫、庶人，此四者自正，治之美也；四者离位，而乱莫大焉。官治其职，人忧其事，乃无所凌⑨。

"故，田荒，室露⑩，衣食不足，征赋不属，妻妾不和，少长无序，庶人之忧也。能不胜任，官事不治，行不清白，群下荒殆，功美不有，爵禄不持，大夫之忧也。廷无忠臣，国家昏乱，工技不巧，贡赋不美，春秋后伦，不顺天子，诸侯之忧也。阴阳不和，寒暑不时，以伤庶物；诸侯暴乱，擅相攘伐，以残人民；礼乐不节，财物穷匮，人伦不饬，百姓淫乱；天子⑪之忧也。今子既上无君侯有司之势，下无大臣职事之官，而擅饰礼乐，选人伦，以化齐民，不泰多事乎？

"且，人有八疵，事有四患，不可不察也。非其事而事之，谓之摠⑫；莫之顾而进之，谓之佞；希意道言，谓之谄；不择是非而言，谓之谀；好言人之恶，谓之谗；析交离亲，谓之贼；称誉诈伪，以败恶人，谓之慝⑬；不择善否⑬，两容颊适⑭，偷拔其所欲，谓之险。此八疵者，外以乱人，内以伤身。君子不友，明君不臣。所谓四患者：好经大事，变更易常，以挂功名，谓之叨；专知擅事，侵人自用，谓之贪；见过不更，闻谏愈甚，谓之很；人同于己则可，不同于己，虽善不善，谓之矜。此四患也。——能去八疵，无行四患，而始可教也。"

孔子愀然⑮而叹，再拜而起。曰："丘再逐于鲁，削迹于卫，伐树于宋，困于陈、蔡；丘不知所失，而离⑯此四谤者，何也？"

客凄然变容，曰："甚矣，子之难悟也！人有畏影恶迹而去之走者，举足愈数，而迹愈多；去愈疾，而影不离身；自以为尚迟，疾走不休，绝力而死。不知处阴以休影，处静以息迹。愚亦甚矣！子审仁义之间，察异同之际，观动静之变，适受与之度，理好恶之情，和喜怒之节，而几于不免矣！谨修而身，慎守其真，还以物与人，则无所累矣。今不修之身，而求之人，不亦外乎？"

孔子愀然曰："请问何谓真？"

客曰:"真者,精诚之至也。不精不诚,不能动人。故强哭者,虽悲不哀;强怒者,虽严不威;强亲者,虽笑不和。真悲,无声而哀;真怒,未发而威;真亲,未笑而和。真在内者,神动于外。是所以贵真也。

"其用于人理⑰也,事亲则慈孝,事君则忠贞,饮酒则欢乐,处丧则悲哀。忠贞以功为主,饮酒以乐为主,处丧以哀为主,事亲以适为主。成功之美,无一其迹矣。事亲以适,不论所以矣;饮酒以乐,不选其具矣;处丧以哀,无问其礼矣。礼者,世俗之所为也。真者,所以受于天也。自然不可易也。

"故圣人法天、贵真,不拘于俗。愚者反此。不能法天,而恤于人;不知贵真,禄禄⑱而受变于俗;故不足。惜哉! 子之蚤湛于人伪,而晚闻大道也!"

孔子又再拜而起。曰:"今者,丘得遇也,若天幸然。先生不羞,而比之服役⑲,而身教之。敢问舍所在,请因受业,而卒学大道。"

客曰:"吾闻之:'可与往者,与之至于妙道;不可与往者,不知其道,慎勿与之,身乃无咎。'子勉之! 吾去子矣! 吾去子矣!"

乃刺船⑳而去,延缘苇间。

颜渊还车,子路援绥,孔子不顾;待水波定,不闻挐音,而后敢乘。

子路傍车而问曰:"由得为役久矣,未见夫子遇人如此其威㉑也。万乘之主,千乘之君,见夫子,未尝不分庭亢礼㉒,夫子犹有倨傲之容。今渔父杖挐逆立㉓,而夫子曲要磬折㉔,言拜而应。得无太甚乎?门人皆怪夫子矣。渔父何以得此乎?"

孔子伏轼而叹,曰:"甚矣,由之难化也!湛于礼义有间㉕矣,而朴鄙之心,至今未去。进!吾语汝:夫遇长不敬,失礼也;见贤不尊,不仁也。彼非至人,不能下人;下人不精,不得其真,故长伤身。惜哉!不仁之于人也,祸莫大焉。而由独擅之!且道者,万物之所由也。庶物,失之者死,得之者生;为事,逆之则败,顺之则成。故道之所在,圣人尊之。今渔父之于道,可谓有矣。吾敢不敬乎?"

【注释】①缁,黑也。其林郁茂,蔽日阴沉,布叶垂条,有如帷幕,故谓之缁帷之林也。 ②交,俱也。 ③袂,袖也。 ④距,至也。 ⑤齐民,犹平民。 ⑥分,离也。 ⑦挐,桡也。 ⑧绪言,犹先言也。 ⑨无所凌,不相凌乱。 ⑩露,漏露。 ⑪"天子"下本有"有司"二字。 ⑫摠,即"总"之别体。 ⑬否,恶也。 ⑭"颣",借为"兼"。 ⑮愀然,惭悚貌也。 ⑯离,遭罹。 ⑰人理,人伦。 ⑱奚侗:禄,借为"婥"。婥婥,随从之貌也。 ⑲服役,服勤驱役,庶为门人。 ⑳刺船,犹撑船也。 ㉑威,借为"畏"。 ㉒天子,万乘;诸侯,千乘。亢:对也。 ㉓逆立,迎面而立也。 ㉔要,"腰"本字。 ㉕有间,时间固久。

【译文】孔子到黑帷帐似的树林中闲游,坐在杏花盛开的土坛上休息。学生们在读书,孔子在弹琴唱歌。

歌曲还没有弹到一半,河边有位渔夫下船,向孔子走来;胡须、眉毛都是白的,披散着头发,拖曳着长袖;踏着平原上走来,到高地上停住了;左手扳着膝盖,右手托着下巴,来听孔子弹唱。歌曲终了,他就招呼子贡、子路两人来一同答话。

渔夫指着孔子问:"那个人是做什么的?"

子路回答说:"他是鲁国的君子。"

渔夫又问他的宗族。

子路回答说:"他的宗族姓孔。"

渔夫又问:"姓孔的这个人是研习什么的?"

子路没有作声。

子贡回答说:"姓孔的这个人,天性执守忠信,本身实行仁义,修饰礼乐,整饬人伦;在上说,用来忠于君主,在下说,用来教化平民;他将要使天下都得到幸福。这便是姓孔的这个人所研习的。"

渔夫又问:"他是拥有土地的君主吗?"

子贡说:"不是。"

渔夫又问:"他是侯王的卿相吗?"

子贡说:"不是。"

渔夫笑了笑,就往回走。他说:"仁爱倒是仁爱,恐怕身体免不了灾患;劳苦了心神,劳累了形体,因而危害了本真。哎呀!他和'道'距离太远了!"

子贡回去,把这事禀告给了孔子。

孔子推开琴,站了起来。说:"他大概是位圣人啊!"

孔子于是走下土坛,去寻找那位渔夫。

孔子走到水边,渔夫正在撑篙向外拨船;回头看见孔子,便转过身来,面对孔子立着。孔子倒退了几步,拜了两拜,便走进前去。

渔夫问孔子说:"您对我将有什么要求呢?"

孔子说:"方才,先生留下了个话头,就走了;我没有才学,不晓得是什么意思;我在下风私自等候,愿意听取您教诲,借以最终对我有所帮助。"

渔夫说:"哈哈!您太好学了!"

孔子拜了两拜,然后起身。说:"我从小就研究学术,到现在,已经六十九岁了,还没有听到过高深的教诲,怎敢不虚心呢?"

渔夫说:"物类相同的就互相追随,声音相同的就互相应和,这本是自然的现象。我愿意使出我所有的本领,来分析您所作的。您所作的,都是人间事物。天子、诸侯、大夫、平民,这四种人都各正己位,便是统治的完善;这四种人如果都离失了本位,天下就没有比这个再昏乱的了。官员执行自己的职权,人民谋虑自己的事务,天下就不至于凌乱。

"所以,田园荒芜,房屋破漏,衣食不足,赋税不能缴纳,妻妾不相和睦,长幼没有秩序,这都是平民所忧虑的事务。才力不能胜任,官事不能治理,行为不能清白,群众荒淫怠惰,功绩和名誉不能得到,爵位和俸禄不能保持,这都是大夫所忧虑的事务。朝廷没有忠臣,国家昏乱不治,技工不精巧,贡赋完不成,朝觐落在同僚后面,不能获得天子的欢心,这都是诸侯所忧虑的事。阴阳不调和,冷热不遵循季节,因而伤害了万物;诸侯暴乱,擅自交相征伐,因而伤害了人民;礼乐没有节制,弄得财用不足;人伦不整饬,百姓耽于淫乱,这都是天子所忧虑的事务。现在,您既然在上没有君侯、公卿的仅势,在下没有大臣职事的官位,可是擅自修饰礼乐,整饬人伦,来教化平民,这不是太多事吗?

"况且,人有八种过恶,事务有四种患害,不可以不加以注意。不是自己的事情,而要去作,就叫作包揽;并没有看清对方,而去规劝,就叫作多嘴;顺着别人的意志说话,就叫作谄媚;不辨是非,顺情说好话,就叫作曲从;好谈论别人的过失,就叫作谗毁;在亲朋之间施行挑拨离间,就叫作贼害;赞扬诈伪,来败坏好人,就叫作奸慝;不分善恶,两面三刀,左右讨好,苟且满足自己的欲望,就叫作阴险。这八种过恶,在外方足以惑乱群众,在内方足以伤害身心。君子不会和他作朋友,明君不会用他作臣仆。所谓四种患害:好作大事,不守正常,借这个来高挂功名,就叫作叨滥;垄断知识,独裁事务,侵犯别人,自己逞能,就叫作贪婪;见到自己的过失,并不悔改,听到别人的规劝,过错越加严重,就叫作狠戾;别人赞同自己,就感到满足,别人不赞同自己,纵然是好人,也认为是坏人,就叫作矜夸;这便是四种患害。——能够除去这八种过恶,免掉这四种患害,您就可以教诲了。"

孔子惭愧而惊悚地叹了口气,向渔夫拜了两拜,站起身来,说:"我在鲁国两次被驱逐,在卫国隐匿过行踪,在宋国受过惊,在陈、蔡两国之间被围困过;我也不知道犯了什么过失,而遭到这四次灾难,这究竟是怎么回事呢?"

渔夫凄怆地变了面色,说:"您也太难觉悟了!有人因为害怕自己的阴影,厌恶自己的脚印而要跑开的,脚抬得次数越多,脚印也就越多;跑得越快,阴影也不会离开身体;自己以为这样还慢,就紧跑个不停,结果筋疲力尽,落个累死。他不知道站在阴暗地方来停止阴影、安静下来灭绝脚印。这种人也太愚蠢了!您明审于仁义之间,洞察于异同之际,观察到了动静的变化,适合于接受和赐予的法度,理解到欢喜和恼怒的节制,您就几乎要不免于危害自身了!您应该谨敬地修治自己的身心,慎重地保全自己的本真,又要把财物施予别人,就没有什么累困了。现在,您不在自身来修治,而在别人身上去追求,不也距离太远了吗?"

孔子畏畏缩缩地说:"我请问什么叫作本真?"

渔夫说:"所谓本真,就是精淳、诚实的极点。不精淳,不诚实,就不能感动别人。所以,勉强啼哭的人,虽然表面悲伤,实际并不哀痛;勉强恼怒的人,虽然表面严厉,实际上并不可怕;勉强亲近的人,虽然表面喜笑,实际并不温和。真正悲伤的人,虽然没有哭声,实际却是哀痛的;真正恼怒的人,虽然没有发作,实际却是可怕的;真正亲近的人,虽然没有笑容,实际却是温和的。本真存在于内心,神色就行动于外表。这便是人所以要贵乎本真的道理。

"把它(本真)用到人伦上,事奉父母,就会孝顺;事奉君王,就会忠贞;同人饮酒,就会欢乐;遇到丧事,就会悲哀。忠贞要以功绩为主,饮酒要以欢乐为主,遇到丧事要以悲哀为主,事奉父母要以安适为主。完成事功的盛美,其中的形迹不可能是同一的。用安适事奉父母的,就不论他的具体行动了;用欢乐饮酒的,就不挑剔他的具体器物了;用悲哀处理丧事的,就不问他的具体礼节了。礼节,是世俗所通行的。所谓本真,是禀受于天的,是自然不可改变的。

"所以,圣人效法上天,贵重本真,并不被世俗所束缚。愚蠢的人就和这个相反。他们不能效法上天,而体恤别人;不知道贵重本真,而庸庸碌碌地被世俗所改变;所以他们总感到不满足。可惜呀!您早就沉没在人为之中,而且聆听大道太晚了!"

孔子拜了两拜,站起身来,说:"今天,我能够遇到先生,就如同天神的引进一般。先生不以我为可耻,而把我比作您的弟子,亲自教诲我。我冒昧地请问先生的家乡住处,我愿意到先生门下受业,完成学习大道的任务。"

渔夫说:"我听说过:'可以和他一同前进的人,就和他进修大道;不可以和他一同前进的人,他不懂得大道,千万不要同他在一起,身心才不至于遭到凶咎。'您自己努力为之吧!我要离开您了!我要离开您了!"

渔夫于是撑开船,顺着芦苇中漫长的水路离去了。

颜回把车回过来,子路把车扶手递给孔子,孔子连看都不看;等待水波静定,听不到撑篙的声音,然后才敢上车。

子路靠近车来问孔子说:"我事奉老师很久了,不曾见过老师遇到人这样胆怯的。天子、诸侯,见到老师,未尝不是礼仪平衡,尊卑不分,可是老师还常有高傲的神色。现在,渔夫拄着船篙,对面而立,而老师对他总是弯腰鞠躬的,施礼之后才答话。是不是有些过分了呢?同学们都对老师感到异乎寻常了。渔夫凭什么得到老师这样的对待呢?"

孔子扶着车的横木,叹息地说:"仲由!你太难教化了!你沉浸在礼义之中,日子也不算少了,可是你那粗野的心性,到现在还没有去掉。前面来!我告诉你!遇见老者,如果不表示恭敬,就是没有礼节;见到贤明,如果不表示尊重,就是不懂人道。他如果不是个圣人,就不可能使人表示谦下,对人谦下,如果不精淳,就得不到对方的真情,因而经常伤害了自身。可惜呀!对人不人道,灾祸是没有比这个再大的。可是你独独对于这个擅长!况且,所谓'道',乃是万物所要遵循的。万物失掉它,就会死亡;万物得到它,就能生存;做事情违反了它,就要失败;做事情顺从着它,就能成功。所以,凡是'道'所存在的地方,圣人就尊重它。现在,渔夫对于'道',可说是具备的了。我敢不表示尊敬吗?"

十、列　御　寇（二十一章）

列御寇之齐,中道而反,遇伯昏瞀人。

伯昏瞀人曰:"奚方而反?"

曰:"吾惊焉。"

曰:"恶乎惊?"

曰:"吾食于十饣浆①,而五饣浆先馈。"

伯昏瞀人曰:"若是,则汝何为惊已?"

曰:"夫内诚不解②,形谍成光③,以外镇人心,使人轻乎贵老,而𩜒④其所患。夫饣浆人特为食羹之货、多余之赢,其为利也薄,其为权也轻,而犹若是,而况于万乘之主乎?身劳于国,而知尽于事。彼将任我以事,而效我以功。吾是以惊焉。"

伯昏瞀人曰:"善哉,观乎!汝处己,人将保汝矣。"

无幾何⑤,而往,则户外之屦满矣。伯昏瞀人北面而立,敦杖⑥,蹙之乎颐;立有间,不言而出。

宾者⑦以告列子。

列子提屦,跣而走,暨乎门,曰:"先生既来,曾不发药乎?"

曰:"已矣!吾固告汝曰,'人将保汝',果保汝矣。非汝能使人保汝,而汝不能使人无保汝也。而焉用之感豫出异⑧也?必且有感,摇而本性,又无谓也。与汝游者,又莫汝告也。彼所小言,尽人毒⑨也。莫觉、莫悟,何相孰也?巧者劳,而知者忧;无能者无所求,饱食而遨游,泛若不系之舟。虚而遨游者也。"

【注释】① 鬻,读曰"浆"。十家并卖浆也。 ② 解,司马音"懈"。 ③ 谍,借为"僷"。僷,容也;凡美容或谓之僷。成,借为"緟"。今通作"重"。形谍成光,谓容色重重发光也。 ④ 贵,当读为"颓"。贵老,犹衰老也。鳌,又作"齑"。齑,济也。 ⑤ 无几何,谓无多时也。 ⑥ 敦,当借为"蹲"。 ⑦ 宾,本亦作"摈"。宾者,谓通客之人。 ⑧ 感豫,谓感到愉快。出异,谓表示惊奇。 ⑨ 细巧入人,为小言。

【译文】列子往齐国去,走到半路就回来了,在路上遇见了老师伯昏瞀人。

伯昏瞀人问列子说:"你为什么回来了呢?"

列子说:"我受到惊骇了。"

伯昏瞀人又问:"你为什么受到惊骇了呢?"

列子说:"我在十家卖浆的地方喝浆,就有五家先给我送浆来了。"

伯昏瞀人又问:"像这样,你为什么惊骇呢?"

列子说:"他们内心忠诚不懈,容色重重发光,从外表上安抚人心,使人轻鄙衰老,而调剂了积存的忧虑。那卖浆的人,只不过为了卖点浆食,赚几个钱,他们营求的利润很薄,施行的计划很小,可是他们还要这样,何况大国之君呢?国君在身体是要勤劳国家的,智谋是要穷究政务的。他们将要让我担任事务,要教我做出功绩。我所以感到惊骇。"

伯昏瞀人说："你的观察太好了！你休息休息吧，人们都将要归附你了。"

过了不久，伯昏瞀人到了列子家里，门外脱的鞋都堆满了。伯昏瞀人面朝北立着，拄着拐杖，拐杖几乎抵到了下巴；立了一会儿，没有说什么，就走出门了。

传达的人告诉了列子。

列子提着鞋，光着脚，就往外跑，到了门口，问伯昏瞀人说："老师既然来了，为什么不给我放下药石之言呢？"

伯昏瞀人说："算了吧！我本来就告诉你说：'人们将要归附你'，果然人们都归附你了。并不是你能够使人归附你，而是你不能够使人们不归附你。你为什么对于别人对你的态度感到愉快表示奇怪呢？如果因为有所感触，就动摇了你的本性，这也是没有任何意义的。跟着你学习的人，他们是不会劝告你的。他们那些小话，都是给人的毒药。你自己觉察不到，会悟不到，怎么能够和人们共成大事呢？工巧的人要吃苦，聪明的人要担忧；没有才能的人没有什么追求，吃得饱饱的到处遨游，飘飘荡荡的好像是没有维系的船舟。这便是心里空空而任情遨游的人。"

郑人缓也①，呻吟裘氏之地，②祇三年③，而缓为儒。河润九里，泽及三族④。

使其弟墨。儒、墨相与辩，其父助墨⑤。十年，而缓自杀。

其父梦之。曰："使而子为墨者，予也。阖胡⑥尝视其良,既为秋柏之实矣①!"

夫造物者之报人也,不报其人,而报其人之天。彼故
使彼。夫人以己为有异于人,以贱其亲,齐人之井饮者相
捽也。君子之人,若儒、墨者师,故以是非相𩜹也,而况今
之人乎⑧? 故曰:今之世,皆缓也。自是有德者,以不知
也。而况有道者乎? 古者谓之遁天之刑。

【注释】① 缓,名也。 ② 裘氏,地名。 ③ 祇,适也。言适三年而
成也。 ④ 三族,谓父、母、妻族也。 ⑤ "墨",本作"翟"。 ⑥ 阖,何不
也。阖,通"曷",何不也。⑦ 良,缓对弟自谓也。 ⑧ "君子之人,若儒、
墨者师,故以是非相𩜹也,而况今之人乎"四句,原在《知北游》篇"颜渊问
乎仲尼"章,马叙伦以为本章错简,甚是,今移于此。

【译文】郑国有个名字叫作缓的人,在裘氏读书,三年的工
夫,缓就成为儒者。黄河浸润出去了九里,德泽普及到三族。

他让他弟弟学习墨家。儒家和墨家互相争辩,他父亲帮着
墨家说话,三年之后,缓就气得自杀了。

他父亲梦见了他。他对父亲说:"使你儿子(弟弟)学习墨家
的,是我。你何不试看他哥哥(我),已经结成秋柏的果实了!"

这造物者报应一个人,不是报应他那个人,而是报应那个人
的天性。他有什么天性,就使他学习什么。如果有人以为自己
比别人特殊,因而鄙视自己的父母,那就好比同人们在一个井里
喝水而互相揪打一样。君子之人,像儒家和墨家的大师,向来就
是用是非互相排挤的,何况是现在的人呢? 所以说:现在世界
上,都是缓这样的人。虽然是有德之人,也不愿意这样做,何况
是有道之人呢? 古来把这个叫作逃脱自然的法则。

圣人安其所安,不安其所不安;众人安其所不安,不安其所安①。

【注释】① 所安者,天也;所不安者,人也。

【译文】圣人安于自己所安的(天道),不安于自己所不安的(人为);众人安于自己所不安的(人为),不安于自己所安的(天道)。

庄子曰:知道①,易;勿言,难。知而不言,所以之天也;知而言之,所以之人也。古之人,天而不人。

【注释】① 知道,复词,道,亦知也。"知道"连用,此为最古。

【译文】庄子说:知道,容易;不说,困难。知道而不说,便是合于天道;知道了就说,便是合于人道。古代的(圣)人,取法天道,而不取法人道。

朱泙漫学屠龙于支离益①,单②千金之家,三年,技成,而无所用其巧。

【注释】① 朱,姓也;泙漫,名也。益,名也。 ② 单,尽也。

【译文】朱泙漫跟着支离益学习宰龙,耗尽了千金家财,三年,技术学习成了,可是没有地方施展他的技巧。

圣人以必不必,故无兵;众人以不必必之,故多兵。慎①于兵,故行有求②。兵恃之,则亡。

【注释】① 慎,或作"顺"。 ② 求,为"救"省。

【译文】圣人不把必然看作必然,所以用不着兵戈;众人把不必然看作必然,所以经常动用兵戈。慎重地使用兵戈,行动就有救;仗恃兵戈,就趋于灭亡。

小夫[1]之知,不离苞苴、竿牍[2],敝精神乎蹇浅[3];而欲兼济道、物,太一形虚;若是者,迷惑于宇宙[4],不知太初。

彼至人者,归精神乎无始,而甘瞑乎无何有之乡[5]。

水流乎无形,发泄乎太清。悲哉乎!汝为知在毫毛,而不知太宁[6]。

【注释】① 小夫,犹小人也。 ② 苞苴,有(犹)苞裹也;竿牍,谓竹简为书;以相问遗,修意气也。 ③ 蹇浅,谓浅鄙之事,与“小夫之知”义合。 ④“宇宙”下本有“形累”二字。 ⑤“瞑”,本作“冥”。 ⑥ 太宁,至寂之道。

【译文】小人的知识,离不开礼品馈送、书牍往来,被一些浅陋的事务耗尽精神;可是他却想着兼济大道和万物,混同有形和无形;像这样的人,他是被宇宙事物所迷惑,而不知道太初妙境。

那圣人,把精神返还到没有元始的境界,甜蜜地睡眠在一无所有的乡庄。

水从杳无形迹的地方流出,发泄到清澄明澈的地域。可怜哪!你(小人)的知识放在琐细的事务上,而不知道无上宁静的境界。

宋人有曹商者,为宋王[1]使秦。其往也,得车数乘[2];王说之,益车百乘。

反于宋,见庄子。曰:“夫处穷闾、厄巷,困窘织屦,枯项黄馘[3]者,商之所短也;一悟万乘之主,而从车百乘者,商之所长也。"

庄子曰："秦王④有病,召医,破痈溃痤⑤者,得车一乘;舐痔者,得车五乘。所治愈下,得车愈多。子岂治其痔邪?何得车之多也?子行矣!"

【注释】① 宋王,偃王也。　② 乘,驷马也。　③ "颐",本作"䫻"。黄䫻,谓面黄熟也。　④ 秦王,惠王也。　⑤ 痈、痤,热毒肿也,小肿也。

【译文】宋国有个名叫曹商的人,他为宋王出使到秦国。他去的时候,宋王给了他几辆军车;秦王喜欢他,给他增加到一百辆军车。

曹商回到宋国,去见庄子。他对庄子说:"那居住穷闾陋巷之中,困窘得去编草鞋卖,弄得形容枯槁,面黄肌瘦的,是我曹商所浅短的;一见到大国之君,出门就有一百辆军车跟随着,是我曹商所擅长的。"

庄子说:"秦王有病,召唤医生;那给他开刀挤脓疮的,可以得到一辆军车;那给他舐痔疮的,可以得到五辆军车。所医治的病越卑下,所得到的军车数就越多。您莫非是给他医治痔疮了吧?怎么得到的军车这么多呢?您走开吧!"

鲁哀公问乎颜阖曰:"吾以仲尼为贞干①,国其有瘳乎?"

曰:"殆哉!圾②乎!仲尼方且饰羽而画,从事华辞,以支为旨③,忍性以视民,而不知、不信。受乎心,宰乎神,夫何足以上民?彼宜女与予、颐与误④而可矣。今使民离实学伪,非所以视民也。为后世虑,不若休之。难治也!"

【注释】① 贞、"桢"通。桢幹,犹言栋梁也。 ② 圾,危也。 ③ 旨,意旨。 ④ 彼,百姓也。颐,养也。误,疑借为"娱"。

【译文】鲁哀公问颜阖说:"我想起用孔子作为国家的栋梁,国家就会有救了吧?"

颜阖说:"那可非常危险啊！孔子正在致力于繁文缛节,干着华言巧语的事,只注意到一些枝枝节节的事务,他用违矫本性的办法来教示人民,而不认识人民,不相信人民。他是禀受于心,制宰于神,这怎么能够居于人民之上呢？对于人民,应该仁爱和赈济他们,安养和娱乐他们,然后才行。现在,使人民离弃真实,学习虚伪,这不是教示人民的办法。为了后世打算,还是不如不用他好。他是不可能把国家治理好的！"

施于人而不忘,非天布也,商贾不齿①;虽以事齿之,神者弗齿。

【注释】① 夫能施求报,商客尚不齿理。

【译文】布施于人,而忘却不掉,这是不合乎上天布施之意的,商人都不理这种人;虽然因为在事务上不得不理他,但是在理智上却是不愿理他的。

为外刑者,金与木也①;为内刑者,动与过也。宵人②之离外刑者,金木讯之;离内刑者,阴阳食③之。夫免乎外、内之刑者,唯真人能之。

【注释】① 金,谓刀、锯、斧、钺;木,谓捶、楚、桎、梏。 ② 宵人,犹小人也。 ③ 食,如"日月食"之"食",谓消蚀也。

【译文】作为外体刑法的,是金属和木质的刑具;作为内心的刑法的,是行动和过失的束缚。小人遭到外体刑法的,金属和木质的刑具就讯问他们;遭到内心刑法的,天地阴阳之气就侵蚀他们。那免掉外体和内体的刑法的,只有真人才能做到。

孔子曰:凡人心,险于山川,难于知天。天犹有春、夏、秋、冬、旦、暮之期,人者厚貌、深情。故有貌愿而益,有长若不肖①,有顺而懁②,有坚而缦,有缓而釬③,故其就义若渴,其去义若热。

故君子:远使之,而观其忠;近使之,而观其敬;烦使之,而观其能;卒然问焉,而观其知;急与之期,而观其信;委之以财,而观其仁;告之以危,而观其节;醉之以酒,而观其侧④;杂之以处,而观其色。九征至,不肖人得矣。

【注释】① 若,犹而也。 ②"有顺而懁",本作"有顺懁而达"。③ 缦者,"慢"之假字;釬者,"悍"之假字。坚强而又惰慢,舒缓而又桀悍,故为情貌相反也。 ④ 侧,或作"则"。则者,法则也。

【译文】孔子说:一般人的内心,比山川还凶险,比天时还难推测。天时还有春、夏、秋、冬、昼、夜的定期,可是人却看不透他的外貌,测不透他的内心。所以,有的外貌恭谨,而内心骄溢;有的外貌善良,而内心恶劣;有的外貌慎重,而内心急躁;有的外貌坚强,而内心怠慢;有的外貌迟缓,而内心凶悍。所以,他趋向正义,就像渴了想水;抛弃正义,就像热了避火。

所以,君子对于人:长久使用他,就观察他的忠心;短期使用他,就观察他的敬意;烦劳使用他,就观察他的才能;贸然使用他,就观察他的机智;急促和他约会,就观察他的信用;交付给他钱财,就观察他的仁心;把急难告诉给他,就观察他的节操;让他醉酒,就观察他的法度;让他男女杂居,就观察他的容色。这九项征验具备,坏人就判断出来了。

　　正考父①一命而伛,再命而偻,三命而俯②;循墙而走,孰敢不轨?

　　如而夫③者,一命而吕钜④,再命而于车上儛⑤,三命而名诸父⑥;孰协唐、许⑦?

【注释】① 正考父,宋潜公之玄孙,弗父何之曾孙。　② 三命,公士一命,大夫再命,卿三命。伛,背曲也;偻,腰曲也;俯,身俯于地也。言爵愈高而身愈下也。　③ 而夫,彼人。　④ 吕钜,矫貌。　⑤ 儛,"舞"之俗字。　⑥ 成玄英:诸父,伯叔也。　⑦ 唐,谓尧也;许,谓许由也。协,同也。

【译文】正考父第一次受到爵命,就曲下了背;第二次受到爵命,就弯下了腰;第三次受到爵命,就低下了头;顺着墙根走路,谁敢对他不礼貌呢?

　　像那种人,第一次受到爵命,就骄矜起来;第二次受到爵命,就在车上舞蹈起来;第三次受到爵命,就呼唤叔叔伯伯的名字了;谁和唐尧、许由相同呢?

　　贼莫大乎德有心、而心有眼①。及其有眼也,而内视;内视,而②败矣。

【注释】① "眼",本作"睫"。　② 而,犹则也。

【译文】奸恶没有比布施出于有心、而且心中有眼睛再大的。如果心有眼睛,就要在内心看人;在内心看人,是要做坏事的。

凶德有五,中德为首①。何谓中德? 中德也者,有以自好②也,而呲其所不为者也。

【注释】① 五,谓心、耳、眼、鼻、舌也。德,谓本能也。中德,心之本能也。 ② 好,爱也。

【译文】人的凶恶本能有五种,而以中心的本能为首领。什么叫作中心的本能呢? 中心的本能,自己总是喜爱自己,而指责其他有所不为的人。

穷有八极,达有三必,形有六府。

美①、髯、长、大、壮、丽、勇、敢,八者俱过人也,因是以穷。

缘循②、偃佒③、困畏不若人,三者俱通,达。

【注释】① 美,善也。 ② 循,顺也。 ③ 偃佒,即"偃仰"。犹言俯仰从人也。

【译文】人的穷困有八个极端,显达有三个必然,就如同形体有六腑一样。

善良、须髯、高大、魁伟、健壮、秀丽、勇猛、果敢,这八项都超过别人,因而要受到穷困。

事事依从别人,事事看人脸色,畏畏缩缩地感到不如别人,这三项都做到,就能够显达。

知慧,外通;勇动,多怨;仁义,多责。

达生之情者,傀①;达于知者,肖②。达大命者,随;达小命者,遭③。

【注释】① 傀,伟也。 ② 肖,小也。 ③ 大命,谓天命之精微;达之,则委随于自然而已。小命,谓人各有命;达之,则安于所遭,亦无怨怼。

【译文】聪明颖悟,就能够通达外物;勇于行动,就受到多数人的抱怨;施行仁义,就受到多数人的责谴。

通达性命之理的人,伟大;通达机智之变的人,渺小;通达大命(天命)的人,表现为顺从;通达小命(人命)的人,表现为忍受。

人有见宋王者,锡车十乘。以其十乘骄稺①庄子。

庄子曰:"河上有家贫恃纬萧②而食者,其子没于渊,得千金之珠。其父谓其子曰:'取石来,锻之③!夫千金之珠,必在九重之渊而骊龙颔下④。子能得其珠者,必遭其睡也。使骊龙而寤,子尚奚微⑤之有哉?'今宋国之深,非九重之渊也;宋王之猛,非直骊龙也。子能得车者,必遭其睡也;使宋王而寤,子为齑粉⑥夫!"

【注释】① 稺,亦骄也。 ② 萧,蒿也。纬,织也。织蒿为箔。③ 锻之,谓槌破之。 ④ 骊龙,黑龙也。而,犹之也。 ⑤ "微",本作"微"。微,借为"儌"。儌,幸也。 ⑥ 淹韭曰齑。凡醢酱所加,细切曰齑。

【译文】有一个谒见宋王的人,宋王赠给了他十辆军车。他带着这十辆军车去傲慢庄子。

庄子说:"在河边有一人家,他们很穷,依靠编蒿帘子为生。他儿子在河里游泳,得到了一颗价值千金的宝珠。他父亲对他儿子说:'拿石头来,把它砸破!那价值千金的宝珠,必定在地下九层深水之中的黑龙的下巴底下。你能够得到这颗宝珠,必然是遇到它正在睡觉。假如黑龙醒着,你还有什么侥幸的呢?'现在,宋国的深度,不只像地下九层的深水;宋王的凶猛,不只像条黑龙。你能够得到他的车马,必然是遇到他正在睡觉。假如宋王醒着,你早就被碾得碎粉了!"

或聘于庄子。庄子应其使曰:"子见夫牺牛①乎? 衣以文绣,食以刍叔②;及其牵而入于太庙,虽欲为孤犊,其可得乎?"

【注释】① 牺,宗庙之牲也。 ② 刍,草也。叔,大豆也。

【译文】有人来聘请庄子。庄子回答他的使者说:"您没有见过那祭祀宗庙的牛吗? 给他穿上华美的外衣,给它新鲜草和大豆吃;等到它被牵进宗庙的时候,它虽然想做个无依无靠的牛犊,还做得到吗?"

庄子将死,弟子欲厚葬之。

庄子曰:"吾以天地为棺椁,以日月为连璧①,星辰为珠玑②,万物为赍送③。吾葬具岂不备邪? 何以加此?"

弟子曰:"吾恐乌鸢之食夫子也!"

庄子曰:"在上为乌鸢④食,在下为蝼蚁食;夺彼与此,何其偏也?"

【注释】① 璧,瑞玉环也。连璧,谓两环相连。 ② 玑,珠不圆也。③ 赍,送也。 ④ 鸢,即今之鹞鹰。

【译文】庄子将要死的时候,学生们打算厚葬他。

庄子对学生们说:"我把天地作为棺椁,把日月作为双璧,把星辰作为宝珠,把万物作为资送。我的葬具还不够完备吗? 哪个还能比得上这个呢?"

学生们说:"我们恐怕老师被乌鸦和鹞鹰吃掉!"

庄子说:"在地上面被乌鸦和鹞鹰吃,在地下面被蝼蛄和蚂蚁吃;夺了这个的给那个,你们怎么这么偏心眼呢?"

以不平平,其平也不平;以不徵徵①,其徵也不徵。明者唯为之使,神者徵之。夫明之不胜神也,久矣;而愚者恃其所见,入于人;其功②外也,不亦悲乎?

【注释】① 徵,应也。　② 功,事也。

【译文】用不平均来平均,它的平均是不平均的;用不感应来感应,它的感应是不感应的。聪明人只有被万物所驱使,神通人才能够感应万物。那聪明胜不过神通,古来就是如此;可是愚蠢人总仗恃着自己所见到的,在别人的面前表现自己;他这样追求外物,不也太可怜了吗?

十一、天　　下（七章）

天下之治方①术者,多矣,皆以其有为不可加矣。

古之所谓道术者,果恶乎在?

曰:无乎不在。

曰:神何由降?明何由生②?

圣有所生,王有所成,皆原于一③。

不离于宗,谓之天人;不离于精,谓之神人;不离于真,谓之至人;以天为宗,以德为本,以道为门,兆④于变化,谓之圣人。以仁为恩,以义为理,以礼为行,以乐为和,薰然⑤慈仁,谓之君子。以法为分,以名为表,以参为验⑥,以稽为决,其⑦数一、二、三、四是也,百官以此相齿⑧。以事为常,以衣食为主,蕃息、蓄藏,老弱孤寡为意,皆有以养,民之理⑨也。

古之人⑩其备矣乎!配神明⑪,醇天地⑫,育万物,和天下,泽及百姓;明于本数,系于末度⑬;六通,四辟⑭,小大,精粗,其运无所不在。其明而在数度者,旧法世传之;史尚⑮多有之;其在于《诗》、《书》、《礼》、《乐》者,邹鲁之士、搢绅先生⑯多能明之;——《诗》以道⑰志,《书》以道事,《礼》以道行,《乐》以道和,《易》以道阴阳,《春秋》以道名分。——其数散于天下而设于中国者,百家之学时或称而道之。

天下大乱,贤圣不明⑱,道德不一⑲,天下多得一察焉以自好⑳;譬如耳、目、鼻、口,皆有所明,不能相通;犹百家众技也,皆有所长,时有所用;虽然,不该不遍,一曲之士㉑也;判天地之美,析万物之理,察古人之全,寡能备于天地之美,称神明之容㉒。是故内圣外王之道㉓,暗而不明,郁而不发㉔,天下之人,各为其所欲焉,以自为方。悲夫!百家往而不反,必不合矣。后世之学者,不幸不见天地之纯,古人之大体㉕,道术将为天下裂㉖。

【注释】① 方,道也。 ② 神者,明之藏;明者,神之发;言道术之极也。 ③ 一者,道之本。 ④ 兆,借为"昭"。昭,见也。 ⑤ 薰然,温和貌。 ⑥ 参,谓参校。 ⑦ 其,犹若也。 ⑧ 相齿,更相齿次。以此相齿,以此为序也。 ⑨ 理,正也。 ⑩ 古之人,即向之四名也。谓天人、神人、至人、圣人。 ⑪ 上文之神明,指道术而言;此之神明,指自然而言。 ⑫ 醇,借为"準"。準,同也。 ⑬ 末度,名法也。"数,道术也。"下文"其数散于天下"之"数",义同。 ⑭ 辟,本又作"闢"。 ⑮ 尚者,掌也。 ⑯ 邹,邑名也。鲁,国号也。搢,笏也,亦插也;绅,大带也。先生,儒士也。言仁义、名法,布在六经者,邹、鲁之地,儒服之人,能明之也。 ⑰ 道,达也,通也。 ⑱ 不明,韬光晦迹。 ⑲ 不一,百家穿凿。 ⑳ 一察谓察其一端,而不知其全。 ㉑ 曲,犹僻也。 ㉒ 容,状也。 ㉓ 内圣,内存之本身,则为圣人;外王,外发之事业,则为帝王。 ㉔ 郁,滞不通也。 ㉕ 天地之纯,无为也。古人大体,朴素也。 ㉖ 裂,分离也。

【译文】天下研究道术的人太多了,都认为没有比自己所掌握的道术再高明的。

古来的所谓道术,究竟存在于什么地方呢?

回答是:没有哪个地方不存在。

有的就问:道术的神蕴从什么地方降临,道术的明征在什么地方生出呢?

圣人对于道术都有所创造,帝王对于道术都有所成就,都本原于"一"。

不离失本元,叫作天人;不离失精淳,叫作神人;不离失全真,叫作至人;把天作为主宰,把"德"作为根本,把"道"作为门户,明通变化之理,叫作圣人。用仁爱来表示恩泽,用正义来处理事务,用礼节来作为行动,用音乐来协调性情,温温和和地爱护群众,叫作君子。用法制作为定分,用声名作为外表,用参校作为征验,用稽考作为决断,就如同数一、二、三、四一样,百官们就用这些道术作为处理事务的顺序。把事务作为经常,把衣食作为主体,生产物资,蓄积财富,着意到老弱孤寡,使他们都得到抚养,这便是人民的正常现象。

古人的道术可以说是非常完备了!它能够配比神明(阴阳),等同天地,发育万物,协和天下,百姓都要沾到恩泽;又明察于根本的理数,联系到末节的制度;天地之间,四通八达,物象的大小,事理的精粗,它的运行是无所不在的。那明明白白地存在为数理和制度的,旧有的法规还一代一代地流传着,史官所掌管的业绩还大量存在着;那记载在《诗》、《书》、《礼》、《乐》之中的,鲁国穿着宽衣大袖的儒士们都能够说明它;——《诗》是用来表达意志的,《书》是用来表达世事的,《礼》是用来表达行动的,《乐》是用来表达和谐的,《易》是用来表达阴阳的,《春秋》是用来表达名分的。——那数术散布在天下、而施设在中国的,诸子百家之学时常称道它。

天下大乱之后,圣贤们都隐遁起来了,道术也就不统一了,天下人大多数是得到一孔之见便沾沾自喜;譬如耳、目、鼻、口,都各有所明审的一个方面,不能够互相贯通;就像诸子百家或各种技术,都各有所长,都经常有用;虽然如此,却不能够兼该众理,不能够周遍万物,只不过是些一偏之士而已;他们剖判天地的善美,分析万物的妙理,观察古今的全貌,很少能够具备天下的善美,称合神明的情状。所以,藏之内心可以为圣人、发之外体可以为帝王的大道,幽暗不明,郁滞不通;天下的人都各各为了自己的爱好,来修治自己的道术。可叹啊!诸子百家都一往直前,不肯回头,必然不能够合于古代的道术。后世的学者,不幸不能够见到天地的纯真、古人的大体,因而这种纯全的道术就被天下人所割裂了。

不侈①于后世,不靡②于万物,不浑③于数度,以绳墨④自矫,而备世之急。古之道术有在于是者。墨翟、禽滑釐⑤闻其风而说⑥之。为之大过,已之大顺⑦;作为《非乐》,命之曰《节用》⑧;生不歌,死无服。墨子泛爱、兼利而非斗;其道不怒;又好学而博;不异;不与先王同⑨;毁古之礼乐。黄帝有《咸池》,尧有《大章》,舜有《大韶》,禹有《大夏》,汤有《大濩》,文王有《辟雍》之乐,武王、周公作《武》⑩;古之丧礼,贵贱有仪,上下有等,天子棺椁七重,诸侯五重,大夫三重,士再重。今墨子独生不歌,死不服,桐棺三寸而无椁,以为法式。以此教人,恐不爱人;以此自行,固不爱己;未败墨子道⑪。

虽然,歌而非歌,哭而非哭,乐而非乐,是果类乎? 其生也勤,其死也薄。其道大觳⑫,使人忧,使人悲;其行难为也,恐其不可以为圣人之道。反天下之心,天下不堪。墨子虽独能任,奈天下何? 离于天下,其去王⑬也远矣。

墨子称道曰:"昔者,禹之湮⑭洪水,决江河,而通四夷九州也,名川⑮三百,支川三千,小者无数。禹亲自操橐耜⑯,而九杂⑰天下之川,腓无胈⑱,胫无毛,沐甚雨⑲,栉疾风,置万国。禹,大圣也,而劳天下也如此。"使后世之墨者,多以裘褐⑳为衣,以跂蹻㉑为服,日夜不休,以自苦为极㉒。曰:"不能如此,非禹之道也,不足谓墨。"

相里勤之弟子,五侯之徒,南方之墨者,苦获、己齿、邓陵子之属㉓,俱诵《墨经》,而倍谲㉔不同,相谓"别墨";以"坚白"、"同异"之辩相訾㉕,以觭偶不仵之辞相应㉖。以"巨子"㉗为圣人,皆愿为之尸㉘,冀得为㉙其后世,至今不决。

墨翟、禽滑釐之意则是,其行则非也;将使后世之墨者,必自苦以"腓无胈,胫无毛",相进㉚而已矣。乱之上也,治之下也。虽然,墨子,真天下之好也,将求之不得也㉛,虽枯槁不舍也。才士也夫!

【注释】① 侈,借为"多"。多,犹重之。 ② 靡,累也。 ③ "浑",本作"晖"。 ④ 绳墨,犹规矩也。 ⑤ 墨翟,宋大夫;尚俭素。禽滑釐,墨翟弟子也;不顺五帝、三王之乐,嫌其奢。 ⑥ 说,音"悦"。 ⑦ 大,音"太"。顺,读为"舜"。舜,偱也。为之大过,谓沐雨栉风、日夜不休者也;

已之大蹒，谓节葬、非乐，反天地之心也。　⑧《非乐》、《节用》，《墨子》二篇名。　⑨异，谓别贵贱也。　⑩以上是五帝、三王乐名也。　⑪末，无也。败，伤也。言皆无伤于墨子之道也。　⑫觳，薄也。大，音"太"。⑬王，谓王道、王业。　⑭湮，塞也。　⑮"名川"，本作"名山"。名川、支川，犹言大水、小水。　⑯槁，当作"橐"。橐，盛土器也。耜，臿也。臿，插地起土也。　⑰九，借为"勾"。勾，聚也。杂，合也。九杂，犹言会合也。⑱腓，脚胫后腹也。俗称腿肚。胈，义见《在宥》篇"崔瞿问于老聃"章。⑲陆德明：甚，崔本作"湛"。湛，即"淫"也。　⑳裘褐，粗衣也。　㉑麻曰屦，木曰屐。　㉒极，至也，高也。　㉓相里勤，墨师也；姓相里，名勤。苦获、己齿，二人姓字也。　㉔倍，本作"背"。谲，异也。　㉕訾，毁也。㉖觭，借为"奇"。仵，借为"伍"。不伍，犹不伦也。　㉗巨，向、崔本作"钜"。　㉘尸者，主也。　㉙为，助也。　㉚进，胜也。　㉛之好，犹是好也。将，欲也。求，为"救"省。

【译文】不被后世所推重，不被万物所系累，不被数术、法度所落陷，用规矩克制自己，来防备世间的急难。古来的道术有着意在这一方面的。墨翟、禽滑厘听说这种风气，就感到喜欢。他们所兴作的法制太过分，所废止的制度太反常；他们发表出《非乐》的言论，命名为《节用》的篇章；人活着不必唱歌，死后不用孝服。墨子主张要遍爱众人，利益要均等，而不赞同斗争；他们对人对事不知道烦恼；他们又喜好学习，而且学得非常广博；他们主张人与人之间没有差别；他们不和先王的主张相同；他们要毁除古代的礼制和音乐。黄帝有《咸池》之乐，帝尧有《大章》之乐，大舜有《大韶》之乐，大禹有《大夏》之乐，汤王有《大濩》之乐，文王有《辟雍》之乐，武王、周公有《大武》之乐；古代的丧礼，贵贱有一定的仪式，上下有一定的等级，天子的棺椁是七层，诸侯的棺椁是五层，大夫的棺椁是三层，士民的棺椁是两层。现在，墨子独独主张人活着用不着唱歌,死后用不着孝服,三寸的桐木棺材,而不用椁,作为一定的制度。他们用这个来教育别人,恐怕不是慈爱别人;用这个施行在自己身上,当然也不会慈爱自己;但是这对墨子之道并没有什么损害。

虽然如此,他们唱歌而不像唱歌,哭泣而不像哭泣,欢乐而不像欢乐,这究竟合乎人情吗?他们活着非常勤苦,死后非常微薄。他们这种道术,对人太冷酷,使人们感到忧愁,使人们感到悲伤;他们的行为使人难以做到,恐怕他们不可能成为圣人之道。他们违反天下的人心,使世人不能够接受。墨子虽然自己能受得住,可是天下人都怎么办呢?他同天下人心有距离,这对成功王业来说,距离是遥远的。

墨子这样说过:"古代,大禹制止洪水,开掘江河,来沟通四夷和九州,大河有三百条,支流有三千条,小河沟就不计其数了;大禹亲自拿着土筐、锸头,来汇通天下的河流,腿肚上磨得没有小毛,小腿上磨得没有汗毛,淋着大雨,冒着大风,来安置天下各国。大禹是个大圣人,可是他为天下还这样。"他使后世信从他的墨者,都要穿粗布衣,穿木鞋、草鞋,昼夜不停地工作,把自己吃苦耐劳作为至高无上。他们说:"不能这样做,就不是大禹之道,就不配称为墨家。"

相里勤的弟子,五侯的徒众,南方的墨者,苦获、己齿、邓陵子这一班人,都诵读《墨经》,可是他们的见解乖异不同,互相称作"别墨";他们用"坚白"、"同异"之辩互相非难,用奇偶不同之辞互相应和。他们把"巨子"奉为圣人,都愿意把他作为墨家的领袖,希望对他们的后世有所帮助,直到现在也没有决定。

墨翟、禽滑厘的用意是正确的,但是他们的行为是错误的;

他们将要使后世的墨者,必定要"腿肚上磨得没有小毛,小腿上磨得没有汗毛"来刻苦自己,这只不过是互相争胜罢了。他们是祸乱天下的上材,平治天下的下材。虽然如此,墨子也真是个爱好天下人的了;他想着挽救天下,只是还没有如愿以偿;纵然是粉身碎骨,他也不肯放弃他的主张。他也是个才学之士啊!

不累①于俗,不饰于物,不苟②于人,不忮③于众;愿天下之安宁,以活民命;人我之养,毕足而止;以此白心④。古之道术有在于是者。宋钘、尹文⑤闻其风而说之。作为华山之冠以自表⑥;接万物以别宥为始⑦;语心之容⑧,命之曰心之行。以聏⑨合欢,以调海内,请欲置之以为主。见侮不辱,救民之斗;禁攻、寝⑩兵,救世之战。以此周行天下,上说下教,虽天下不取,强聒⑪而不舍者也。故曰:上下见厌,而强见也。

虽然,其为人太多,其自为太少。曰:"请欲固⑫置五升之饭,足矣。"先生恐不得饱,弟子虽饥,不忘天下,日夜不休。曰:"我必得活哉?"乔傲乎救世之士哉⑬!曰:"君子不为苛察,不以身假物⑭。"以为无益于天下者,明之,不如已也。以禁攻寝兵为外,以情欲寡浅为内。其小大、精粗,其行适至是而止。

【注释】① 累,犹负也。 ②"苛",本作"苟"。苛,相苛责也。 ③ 忮,逆也。 ④ 白,明也。 ⑤ 宋钘、尹文,并齐宣王时人,同游稷下。 ⑥ 华山,上下均平,作冠象之,表己心均平也。 ⑦ 别,犹识也。宥,区域也。始,本也。 ⑧ 容,用也。 ⑨ 聏,和也。 ⑩ 寝,息也。 ⑪ 聒,喧聒。 ⑫ 固,借为"姑"。姑,且也。 ⑬"乔傲",本作"图傲"。 ⑭ 察,苛也。

【译文】不负累俗世，不修饰事物，不苛求别人，不违逆群众；希望天下太平，藉以救活人民之命；人民和自己的供养，以得到满足为止；以这些主张来表明自己的心志。古来的道术有着意这一方面的。宋钘、尹文听说这种风气，就感到喜欢。他们创制了华山冠，来作自己的标志；他们应接事物，以识别万物界限为根本；他们把心的作用，叫作心的行动。他们用和颜悦色同别人合欢，藉以调和天下，他们愿意树立这样的人作为领袖。他们受到欺侮，不感到耻辱，藉以救止人民的私斗；他们主张休止兵戈，藉以救止世界战争。用这些主张周行于天下，在上方游说诸侯，在下方教化人民，虽然天下不采取他们的政论，他们还是喋喋不休地劝化而不放弃。所以说：在上位和在下位的见到他们都感到厌烦，可是他们还是顽强地表现自己。

虽然如此，他们为别人打算得太多，为自己打算得太少。他们说："请暂且为我们准备五升米的饭，就足够了。"〔这五升米的饭，〕先生们恐怕都不够吃，学生们虽然忍饥挨饿，还不忘记天下的疾苦，日夜工作着。他们说："我们必定要活着吗?"他们真是矫矫不群的救世之士啊！他们还说："君子对人不作苛求，不假借外物来成全自己。"他们以为对天下没益处的事物，与其说明它，还不如不说明它。他们以休止兵戈作为外部行动，以减少私欲作为内部行动。他们对事物的大小、精粗，他们的行为如此而已。

公而不党，易而无私①，决然②无主，趣物而不两③；不顾于虑，不谋于知，于物无择，与之俱往。古之道术有在于是者。彭蒙、田骈、慎到④闻其风而悦之。齐万物以为首。曰:"天能覆之,而不能载之;地能载之,而不能覆之;大道能包之,而不能辩之。知万物皆有所可,有所不可。故曰:选则不遍,教则不至,道则无遗者矣。"

是故慎到弃知、去己,而缘不得已。泠汰万物⑤,以为道理⑥。曰:"知不知,将薄知,而后邻伤之者⑦也。谋髁无任⑧,而笑天下之尚贤也!纵脱⑨无行,而非天下之大圣!椎拍輐断⑩,与物宛转⑪;舍是与非,可以苟免。不师知虑,不知前后,魏然⑫而已矣。推而后行,曳而后往,若飘风之还,若羽之旋,若磨石之隧⑬;全而无非,动静无过,未尝有罪。是何故?夫无知之物,无建己之患,无用知之累,动静不离于理,是以终身无誉。故曰:至于若无知之物而已。无用贤圣,夫块不失道⑭。"豪桀⑮相与笑之曰:"慎到之道,非生人之行,而至死人之理。"适得怪焉。

田骈亦然,学于彭蒙,得不教焉。彭蒙之言⑯曰:"古之道人,至于莫之是、莫之非而已矣。其风窢然⑰,恶可而⑱言?"常反人,不见观⑲,而不免于魭⑳。其所谓道,非道;而所言之韪㉑,不免于非。

彭蒙、田骈、慎到不知道。虽然,概乎皆尝有闻者也。

【注释】①"党",本作"当"。 ②然,犹而也。 ③随物而趋,不生两意。 ④田骈,齐人也,游稷下,著书十五篇。 ⑤泠,通"矜"。泠汰,犹矜汰也,谓夸大也。 ⑥道理,犹《老子》所谓道纪也。 ⑦将,犹如也,若也。邻,近也。 ⑧谋髁,讹倪不正貌。任,能也。 ⑨纵脱,放纵脱略。 ⑩輐,借为"刓"。刓,刓也。椎,击也。拍,拊也。椎拍,就音乐而言;輐断,就雕刻而言;皆以喻处理事务,随机应变,故下文曰"与物宛转"也。 ⑪宛转,变化也。 ⑫魏,当读为"委"或"倭"。委,委随也。

倭,顺貌。委顺于物,即"与物宛转"之意。 ⑬ 回风为飘。还,音"旋"。
隧,转也。 ⑭ 块,有纯朴之义。 ⑮ 桀,"傑"省。 ⑯ "之言",本作"之
师",今以意改。 ⑰ 窆,借为"佸"。佸,静也。 ⑱ 而,犹以也。 ⑲ 见
观,谓被重视也。 ⑳ "鯇",本作"鯇断",当借为"顽"。 ㉑ 趆,是也。

【译文】大公无私,平正无偏;决断事物,没有主见;对待事
物,没有分歧;不怀任何顾虑,不出任何智谋;对万物没有选择,
和万物共同前进。古来的道术有着意在这一方面的。彭蒙、田
骈、慎到听到这种风气,就感到喜欢。他们把齐同万物作为首要
论点。他们说:"天能够笼罩万物,而不能够负载万物;地能够负
载万物,而不能够笼罩万物;大道能够包容万物,而不能够辩别
万物。可见万物都有它们所适宜的,也有它们所不适宜的。所
以说:选择就不能遍及,教化就不能周全,只有掌握住'道',才
可能把万物兼包无遗。"

所以,慎到抛弃智慧,忘却自己,是由于不得已而如此。他
们夸大万物的不同情状,作为"道"的纲纪。他说:"要知道自己
所不知道的事物,如果知道得肤浅,最后就要近于伤害这种事
物。邪曲不正,没有才能,可是讥笑天下的大贤人!放荡疏忽,
没有德行,可是非难天下的大圣人![对于一切事物,]无论是敲
打和雕琢,都要随从着事物而有所变化;抛弃一切是非,才能够
苟且免除世俗的累患。不效法智虑,不知道前后,只有顺随万物
之自然而已。推动而后前进,拖曳而后运转;如同旋风的盘还,
如同羽毛的回旋,如同磨石的运转;本性淳全,没有是非;一动一
静,不犯过失;就不会取得罪名。这是什么缘故呢? 因为无识无
知的器物,没有树立自己的思虑,没有利用智慧的系累,一动一
静,都不离开理性,所以一辈子也没有什么荣誉。所以说:只要
做到像无识无知的器物就行了。用不着圣贤,就纯纯朴朴地不

失掉'道'。"豪杰之士就讥笑他说:"慎到的道术,并不是活人的行为,而是死人的道理。"他恰恰就得到别人对他这样的怪异。

田骈也是如此,他在彭蒙门下学习,得到了不用教化的政论。彭蒙的话是这样说的:"古来有道之人,做到没有人说他是是、没有人说他是非,就算成功了。他们的风度是那样的寂静,人们怎么能够用言语形容他呢?"他们经常违反人情,不被重视,而且不免于顽固不化。他们的所谓"道",不足以叫作"道";他们的所谓"是",也不免于"非"。

彭蒙、田骈、慎到都不认识"道"。虽然如此,他们学说的梗概,都是被人们所称道过的。

以本为精,以物为粗①,以有积为不足,澹然独与神明居。古之道术有在于是者。关尹②、老聃闻其风而说之。建之以常无有,主之以太一③;以濡弱④谦下为表,以空虚不毁万物为实。

关尹曰:"在己无居,形物自著;其动若水,其静若镜,其应若响⑤。芴乎若亡⑥,寂乎若清⑦。同焉者和,得焉者失。未尝先人,而常随人。"老聃曰:"知其雄,守其雌,为天下蹊;知其白,守其辱⑧,为天下谷。人皆取先,己独取后,曰受天下之垢。人皆取实,己独取虚。无藏也,故有馀,岿然⑨而有余。其行身⑩也,徐而不费⑪。无为也,而笑巧⑫。人皆求福,己独曲全,曰苟免于咎。以深为根,以约为纪⑬,曰,坚则毁矣,锐则挫矣。常宽容于物,不削于人。可谓至极。"

关尹、老聃乎,古之博大真人哉!

【注释】① 本,无也;物,有也。用无为妙道为精,用有为事物为粗。② 关尹,关令尹喜也。或云,尹喜,字公度。 ③ 常无、有,即《老子》所谓"故常无,欲以观其妙;常有,欲以观其徼"之"常无"与"常有"也。太一,即《老子》所谓"大象无形"之"大象",亦即所谓"道生一,一生二,二生三,三生万物"之"一",亦即所谓"两者同出而异名,同谓之玄"之"玄"也。④ 濡弱,柔弱。 ⑤ 响,应声也。 ⑥ 芴,忽也。亡,无也。 ⑦ 清,静也。 ⑧ 辱,污也。借为"黩"。 ⑨ 岿,本或作"魏"。岿然,独立自足之谓。 ⑩ 行身,犹修身也。 ⑪ 费,损也。 ⑫ 笑,借为"娆"(妖)。娆,巧也。 ⑬ 纪,借为"基"。

【译文】把本元(道)看作是精妙的,把万物看作是粗疏的,把有积蓄看作是不充足的,安安静静的独自和神明(天道)相处。古来的道术有着意在这一方面的。关尹、老聃听到这种风尚,就感到喜欢。他们〔在自然界〕建立了"常无"、"常有"两个对立概念,用"太一"来统辖着它们;〔在身心方面〕以柔弱、谦下为外表,以空虚而不毁灭万物为实际。

关尹说:"自己不占有地位,万物形象就自然显著;他的运动如同流水,他的宁静如同明镜,他同万物交感如同回响应和本声。恍恍惚惚的如同一无所有,寂寂寞寞的如同虚静无声。与万物相同的就和万物合一,取得的就是失掉。从不站在众人前面,而经常追随在众人后面。"老聃说:"知道自己雄性的,却以雌性自居,情愿作天下的沟壑;知道自己是洁白的,却以污浊自居,情愿作天下的川谷。众人都求取领先,自己独独求取落后,这就叫作忍受天下的垢辱。众人求取实在,自己独独求取空虚。自己没有积蓄,所以总感到有余,而且是独立自主的有余。修治自己的身心,徐徐缓缓的并不费损精神;无所作为,可是非常工巧。

众人都求取福禄,自己独独求取委曲保全,说是苟且求取免除凶咎而已。以深厚作为根元,以俭约作为基础;认为坚强就要遭到毁灭,锋利就要遭到挫折。经常宽容万物,而不削损众人。这便是至高无上的道术。"

关尹、老聃这样的人,真是古代渊博伟大的真人啊!

寂寞无形①,变化无常。死与? 生与? 天地并与? 神明往与? 芒乎,何之? 忽乎,何适②? 万物毕罗,莫足以归。古之道术有在于是者。庄周闻其风而说之。以谬悠之说、荒唐之言③、无端崖之辞,时④恣纵而不傥⑤,不以觭见之⑥也。以天下为沈浊,不可与庄语⑦,以卮言为曼衍,以重言为真,以寓言为广。独与天地精神往来,而不敖倪⑧于万物,不谴是非,以与世俗处。

其书虽瑰玮,而连犿无伤⑨也;其辞虽参差,而諔诡可观⑩。彼其充实,不可以已⑪。上与造物者游,而下与外死生、无终始者为友。其于⑫本也,弘大而辟,深闳而肆;其于宗也,可谓调适而上遂者矣⑬。

虽然,其应于化而解于物也,其理不竭,其来不蜕⑭,芒乎昧乎,未之尽者⑮。

【注释】① 寂,本作"茮"。 ② 芒乎、忽乎,同"恍惚"也。 ③ 谬悠,谓若忘于实情也。谓广大无域畔也。 ④ 时,犹乃也。 ⑤ 傥,通"说"。说,直言也。 ⑥ 觭,不偶也。不以觭见,不以一端自见。 ⑦ 庄,端正也。庄语,犹正论。 ⑧ 敖倪,犹骄矜也。 ⑨ 瑰玮,奇特也。连犿,宛转貌。 ⑩ 参差,或虚或实,不一其言也。諔诡,奇异也。 ⑪ 已,止也。不可以已,即无止境也。 ⑫ 于,犹之也。 ⑬ 辟,开也。弘,大也。闳,

亦大也。肆,申也。遂,达也。"调",本作"稠"。 ⑭ 来,亦理也。蜕,解也。 ⑮ 芒昧,犹窈冥也

【译文】〔天地之初,〕空虚寂静,没有形象;〔万物既生,〕千变万化,没有固定。是死亡的吗? 是生存的呢? 天地是不是并立的呢? 神明(阴阳)是不是运动的呢? 芒芒昧昧的,究竟是怎样生出的呢? 恍恍惚惚的,究竟要往哪里去呢? 万物无所不包,总也找不到个归宿。古来的道术有着意这一方面的。庄周听到这种风尚,就感到喜欢。他用虚诞悠远的学说、广大空廓的言论,没头没脑、没边没缘的辞句来说教,乃是高谈阔论,而不直言了当,不用一端表达。他以为天下都是沉溺混浊的,不可以和他们谈正面的话;所以用支离荒唐的话来衍尽事理,用重复前人的话来证实事理,用别有寄托的话来推广事理。独自和天地、精神相往来,而不傲视万物,不责谴是非,和世俗一同居处。

他的著作虽然与众不同,而其中的道理却是宛转无穷,并不伤害事物;他的辞句虽然参差不齐,其中的道理却是千变万化,并且大有可观。它的内容充实,令人捉摸不透。在上说,他和造物者一同遨游;在下说,他和排除生死、混同始终的人做朋友。他的本元,是宽大而开拓的,是深广而豪放的;他的归宿,可以说是协调适当、而上通天道的。

虽然如此,他对于适应变化和了解万物,他的道理没有穷竭,他的道理不易理解;芒芒昧昧的,也没有人能够穷尽其中的奥妙。

惠施多方,其书五车,其道舛驳,其言也不中①。厤物②之意,曰:"至大无外,谓之大一;至小无内,谓之小

一。无厚，不可积也，其大千里③。天与地卑，山与泽平④。日，方中方睨；物，方生方死⑤。大同而与小同异，谓之小同异；万物毕同毕异，谓之大同异。南方无穷而有穷。今日适越而昔来。连环可解也。我知天下之中央，燕之北、越之南是也。泛爱万物，天地一体也。"惠施以此为大观于天下，而晓辩者，天下之辩者相与乐之："卵有毛。鸡三足。郢有天下⑥。犬可以为羊。马有卵。丁子有尾⑦。火不热。山出口。轮不蹍地。目不见。指不至。物不绝。龟长于蛇。矩不方，规不可以为圆。凿不围枘⑧。飞鸟之景，未尝动也⑨。镞矢之疾，而有不行不止之时⑩。狗非犬。黄马、骊牛，三。白狗黑。孤驹未尝有母。一尺之捶，日取其半，万世不竭⑪。"辩者以此与惠施相应，终身无穷。

桓团、公孙龙⑫，辩者之徒，饰⑬人之心，易人之意；能胜人之口，不能服人之心。辩之囿也。

惠施日以其知与人之⑭辩，特⑮与天下之辩者为怪。此其柢⑯也。然惠施之口谈，自以为最贤。曰："天地其壮乎！施存，雄而无术。"

南方有倚⑰人焉，曰黄缭⑱，问天地所以不坠不陷，风雨雷霆之故，惠施不辞而应，不虑而对，遍为万物说；说而不休，多而无已；犹以为寡，益之以怪；以反人为实，而欲以胜人为名。是以与众不适也。

弱于德，强于物，其涂隩⑲矣。由天地之道，观惠施之能，其犹一蚊一虻之劳者也。其于物也何庸？

夫充一尚可,曰愈贵道,幾矣! 惠施不能以此自宁,散于万物而不厌,卒以善辩为名。惜乎! 惠施之才,骀荡而不得⑳,逐万物而不反,是穷响以声,形与影竞走也。悲夫!

【注释】① 舛,差殊也。驳,杂糅也。不中,无当。　② 厤,古"歷"字。本亦作"歷"。厤,治也,即研究之意。　③ 其大千里,形容其无尽之意。④ 卑,与"比"通。比,谓等齐也。　⑤ 睨,侧视也。　⑥ 郢,楚都也,在江陵北又十里。　⑦ 丁,当借为"成"。丁子,犹言成人也。　⑧ 凿者,孔也;枘者,内孔中之木也。　⑨ 景,音"影"。　⑩ "镞",本作"鏃"。⑪ 捶,杖也。　⑫ 桓团、公孙龙,并赵人,皆辩士也,客游平原君之家。⑬ 饰,当借为"飭"。飭,败创也。　⑭ 之,犹为也。　⑮ 特,独也。⑯ 柢,与"氐"通。氐,犹略也。　⑰ 倚,本或作"畸"。倚,异也。　⑱ 黄缭,贤人也。　⑲ 隩,隐也。　⑳ 骀者,放也。放荡不得也。

【译文】惠施方术纷繁,他著的书有五车,其中的道理离奇驳杂,其中的言论不符实际。他探索物理的大意,说:"最大的没有外缘,叫作'大一';最小的没有内涵,叫作'小一'。没有厚度的东西,是累积不起来的,但是它的广度能够推到千里之外。天和地一样低下,山和池泽一样齐平。太阳正在当中,同时也正在偏斜;万物正在生长,同时也正在死亡。万物的'大同'和'小同'不相同,这叫作'小同异';万物完全相同和完全不同,这叫作'大同异'。南方是无穷尽的,同时也是有穷尽的。今天往越国去,而昨天就会到达。连环是可以解开的。我知道天下的中央,就在燕国的北方、越国的南方。要博爱万物,因为天地是一体的。"惠施把这些命题作为天下的大观,来晓示天下的辩者,天下的辩者也和他一同爱好这些命题:"鸡卵里有毛。鸡有三只脚。郢邑占有整个天下。犬可以叫做羊。马有卵。成人有尾巴。火不热。

山有嘴。车轮蹍不着地。眼睛看不见。手指不到预期的所在。万物不会灭绝。龟比蛇长。曲尺并不方正,圆规不能画圆。凿孔包围不着插进去的木榫。飞鸟的阴影,不曾移动。飞箭的速度,有不前进和不停止的时候。狗不是犬。黄马、黑牛是三种东西。白狗是黑色的。孤独的马驹没有母亲。一尺长的木棍,一天取去它的一半,一辈子也取不完。"辩者就用这些命题和惠施相应和,一辈子也谈不完。

桓团、公孙龙,这些辩者们,侵蚀人的心灵,变更人的意志;他们能够战胜人的嘴,不能够说服人的心。这便是辩者的限围。

惠施天天用他所知道的同别人互相争辩,独自同天下的辩者施展怪论。这便是他方术的梗概。然而,惠施的口头谈论,自以为是天下最贤明的人。他说:"天地之间,太壮观了!我惠施的存在,称雄天下,没有哪种方术可比的。"

南方有一位异人,名叫黄缭,他质问天地所以不塌不陷,刮风、下雨、打雷、闪电的道理。惠施不加推辞、不用思索地作回答,广泛地举出万物的根由来谈说,谈得滔滔不绝,多得没有个完;他以为还说得不够,又加添上一些奇谈怪论;他以违反人情为实际,而想胜过别人来出名。所以他总和众人说不到一起。

惠施对于道德薄弱,对于物理擅长,他的道术是隐暗不明的。从天地之道的角度,来观察惠施的才能,就如同一个蚊虫、一个虻虫的劳动一样。他对于天地间的事物有什么用处呢?

〔他这些言论,〕如果把它来充作一种道术,还算可以;如果说这样就是加深尊重道术的表现,那就危险了!惠施不能利用这种道术来稳静自己的身心,却把这些东西布散在万物之中,而不觉厌倦,终于以善于论辩闻名于世。可惜啊! 以惠施这样的才学,言辞放荡,而毫无所得;追逐万物,而不肯回头;他简直是如同用本声来穷究应声、用形体和阴影并走一样。可怜啊!